PIERLUIGI ROMEO DI COLLOREDO MELS

ALBERT KESSELRING

UNA BIOGRAFIA MILITARE DELL'*OBERBEFEHLSHABER SÜD*
1885-1960

VOLUME I
1885- 1944

Kesselring was one of the outstanding commanders of the war [...] [bearing] the stamp of genius for defensive operations[1].

Carlo D'Este

A mio Padre, Ufficiale del Corpo Italiano di Liberazione.
A mia Madre, Ausiliaria della Repubblica Sociale Italiana.

STORIA

ISBN: 9788893276542 prima edizione ottobre 2020
SPS-070-KESSELRING. Una biografia militare dell'Oberbefehlshaber Süd, 1943- 1945, vol. I. by Pierluigi Romeo di Colloredo Mels
Editor: **Luca Stefano Cristini Editore per i tipi di Soldiershop serie Storia** - Cover & Art Design: L. S. Cristini e P. Romeo di Colloredo Mels

---

[1] Carlo D'Este, *Fatal Decision*, London 1991, p.86

INDICE DEL PRIMO VOLUME.

PREMESSA   Pag. 5

1. ALBERT KESSELRING, 19885- 1941   Pag. 7

2. GLI ANNI DELLA BLITZKRIEG, 1939-1941   Pag. 15

3. IL FRONTE DEL MEDITERRANEO, 1941- 1943   Pag. 23

4. LO SBARCO IN SICILIA   Pag. 35

5 LA RESA ITALIANA E LO SBARCO A SALERNO   Pag. 47

6. CASSINO   Pag. 69

FOTOGRAFIE PAG. 101

APPENDICI   Pag. 165

DECORAZIONI CONCESSE AL FELDMARESCIALLO KESSELRING Pag. 165

IL BUNKER DI KESSELRING NEL MONTE SORATTE (L.S. CRISTINI) PAG. 167

ORDINI DI BATTAGLIA   Pag. 171

ORDINE DI BATTAGLIA DELL' *OPERAZIONE* C 3 (*FALL HERKULES*), 1942

ORDINE DI BATTAGLIA DELL'*HEERESGRUPPE C*, CASSINO, GENNAIO1944

ORDINE DI BATTAGLIA ALLEATO IN ITALIA, GIUGNO 1944.

PREMESSA

Scopo del presente lavoro è l'analisi della conduzione delle operazioni belliche nel Mediterraneo ed in Italia da parte di Albert Kesselring, campagna condotta in maniera talmente brillante da costituire una vittoria strategica della Germania pur in un quadro di disfatta sugli altri fronti tale da renderne scontato l'esito finale.

La figura di Albert Kesselring ne esce come quella di uno dei migliori generali della storia tedesca; le motivazioni saranno esposte nel testo, che per comodità del lettore abbiamo preferito suddividere in due volumi.

Dopo aver descritto nel primo volume delle prime fasi della carriera del Feldmaresciallo sino alle battaglie di Cassino del 1944, ci si occuperà delle fasi successive della Campagna d'Italia dallo sbarco di Anzio, sino alla battaglia di Rimini e della difesa della linea Gotica, occupandoci poi degli avvenimenti successivi alla guerra, sino alla morte.

Un capitolo sarà dedicato alla guerriglia partigiana ed alla sua repressione: purtroppo, data la prospettiva storica predominante in Italia rispetto al resto del mondo, che tende a dare, per ovvi motivi di contingenza politica, un'attenzione alla guerriglia partigiana sproporzionata rispetto alle reali incidenze sull'andamento della campagna, che furono pressoché nulle. I toni da noi usati nel testo non vogliono assolutamente sminuire il valore morale e il sacrificio di chi scelse di opporsi ai tedeschi ed ai fascisti scegliendo la montagna: tale discorso vale anche per chi fece la scelta opposta, continuando la guerra dalla parte in cui l'aveva iniziata. In taluni ambienti si ripete che non si può mettere sullo stesso piano chi combatté per la libertà e chi per una dittatura; è verissimo, e deve valere anche per chi combatté per imporre in Italia una dittatura comunista di stampo stalinista: chi fece coscientemente quella scelta andrebbe posto a nostro avviso non già sullo stesso piano dei regolari tedeschi della *Wehrmacht* o della *Luftwaffe*, ma delle SS, né più né meno; non ci interessano qui però storie di guerra civile o di rese dei conti postbelliche, ma solo gli aspetti militari, che videro spesso come unico risultato la reazione germanica. Gli eccidi di Pietransieri, S. Anna, Vinca, Monte S. Giulia, Montesole o Marzabotto, solo per citarne pochi, spesso stupidamente feroci, tanto da provocare l'ira dello stesso Kesselring, come vedremo, sono solo alcune delle tante che non potranno mai venir dimenticate o perdonate.

In appendice sono riportati, a tal proposito, l'ordine di operazione contro le bande firmato da Kesselring del 1° ottobre 1944 e le motivazioni della sentenza di Venezia del 1947.

A parte gli orrori legati alla guerriglia ed alla sua repressione, che la maggior parte delle volte non aveva rapporti con l'*Oberbefehlshaber Süd* ma con Karl Wolff in quanto *Höhere SS und Polizei-Führer* in Italia, va detto subito che Kesselring in Italia condusse una guerra pulita, per quanto possibile: ai soldati di Kesselring non sono imputabili gli stupri di massa, i saccheggi sistematici e le violenze compiuti dalle truppe francesi (non certo dai soli goumiers!) in Sicilia, nel Basso Lazio, nel grossetano ed all'Elba per vendicare il *coup de poignard* del giugno 1940, l'uccisione di prigionieri compiute da talune unità statunitensi in Sicilia ed altrove, e oggettivamente le 1087 vittime civili delle rappresaglie tedesche per la cui morte il Maresciallo venne condannato a Venezia sono assai meno di quelle della pulizia etnica praticata dagli jugoslavi sul confine orientale italiano nel 1943 e nel 1945, e neppure i bombardamenti aerei che causarono 120.000 morti tra la popolazione civile. Pertanto, ci è sembrato opportuno occuparci delle stragi statunitensi in Sicilia, che colpirono prigionieri di guerra e civili italiani perché. seppure oggi dimenticate, sono analoghe a quelle per cui Kesselring venne condannato.

Parole che qualcuno, ingenuo o in malafede taccerà di *revisionismo*, ma che rispecchiano semplicemente la realtà fattuale ed incontrovertibile.

Kesselring tentò anche di opporsi alla deportazione degli ebrei romani adducendo motivi militari e logistici, tanto che il rastrellamento del 16 ottobre 1943 avvenne a sua insaputa, compiuto da un *Sonderkommando* inviato apposta da Berlino, né nessuno, né nel processo di Venezia, né nella storiografia posteriore, si è mai sognato di collegare in alcun modo Kesselring con la deportazione degli ebrei italiani nei *lager* nazisti.

Abbiamo affrontato anche un aspetto troppo spesso trascurato dell'azione di comando di Kesselring: il tentativo – riuscito – di preservare il più possibile il patrimonio artistico e culturale italiano dalle distruzioni belliche.

I camion che non aveva saputo trovare per la deportazione degli ebrei romani li trovò per trasportare al sicuro i tesori bibliografici e artistici di Monte Cassino, sottraendoli all'impiego militare per il tempo necessario.

A lui, e soltanto a lui, si deve se città d'arte quali Firenze, Siena, Orvieto, Assisi, Urbino e Perugia esistono ancora e non furono trasformate in un cumulo di macerie, e quindi utilizzate come capisaldi.

A Firenze preferì risparmiare Ponte Vecchio dal brillamento, piuttosto che distruggere un simile capolavoro, e ciò rendendosi ben conto di facilitare il nemico.

Purtroppo i suoi avversari non ebbero gli stessi scrupoli.

Kesselring fu un grande comandante; ma seppe mettere da parte spesso gli interessi militari contingenti in vista dei supremi interessi della civiltà. Non a caso era compatriota sì di Federico II e di Moltke, ma anche di Goethe.

Poche volte un generale è riuscito ad esser tanto grande come uomo.

E poche volte la storia militare è stata tanto manipolata, alterata, falsata come per la campagna d'Italia.

Abbiamo voluto completare il lavoro con quella che è forse la più ricca raccolta iconografica sul Maresciallo finora pubblicata, che abbiamo definito *una vita per immagini*, giacché spesso un'illustrazione è più esplicita delle parole.

Questo lavoro è la seconda versione, ampliata (il testo è più che raddoppiato, tanto da essere ormai un libro assai diverso) e corretta, del volume *Südfront. Il Feldmaresciallo Albert Kesselring nella Campagna d'Italia 1943- 1945*, edito da Italia Storica (Genova, 2018) dell'amico Andrea Lombardi, cui, inutile dirlo, il presente lavoro deve moltissimo; le cartine nel testo sono di Emanuele Mastrangelo; li ringrazio di cuore.

Un ringraziamento infine agli amici professor Pietro Cappellari per lo studio sull'incendio delle navi di Caligola a Nemi, falsamente attribuito ai tedeschi e Luca Stefano Cristini, che oltre a dimostrare come editore notevoli doti di pazienza nei miei confronti, mi ha permesso di utilizzare il capitolo dedicato al bunker di Kesselring sul Soratte dal suo libro *L'oro di Hitler... e anche del Duce*.

Last but not least, un grazie veramente sentito all'amico NH Colonnello Stefano Manni dell'Isola, artigliere come Kesselring ed artista, per lo splendido disegno di copertina in tecnica mista, raffigurante Cavallero e Kesselring in Libia nel 1942, magistralmente eseguito apposta per questo libro.

1.
ALBERT KESSELRING, 1885- 1939

Albert Kesselring nacque a Marksteft am Main, nel distretto di Kitzingen, allora appartenete al Regno di Baviera, il 30 novembre 1885.

A volte viene indicata come data di nascita il 20 novembre: Kesselring testimoniò sotto giuramento a Venezia cdi esser nato il 30 novembre 1885. Alcune fonti indicano il suo nome come di battesimo Albrecht al posto di Albert, e occasionalmente aggiungono il *von* nobiliare davanti al suo nome, evidentemente convinti che tutti i generali tedeschi fossero aristocratici; Kesselring, non essendo nobile, non aveva ovviamente diritto all'*Adelsprädikat*. Come scrisse egli stesso nelle proprie memorie,

> Io non provengo da una famiglia di soldati. I miei antenati fondarono il *Chezelring* [baluardo[2], ndA] contro gli Avari e più tardi contro gli Ungari, in quella che oggi è la Bassa Austria. *Ritter* Ouscalus Chezelrinch (1180) fu il primo a portare il nome. Da tali origini i Kesselring si fecero rispettare come cavalieri, patrizi e sacerdoti nel sud della Germania, ed oltre i confini tedeschi, in Alsazia e Svizzera. I miei antenati diretti, tuttavia, si erano istallati intorno al sedicesimo secolo in Bassa Franconia come contadini, birrai e vignaioli. Alcuni rami della famiglia adottarono la professione dell'insegnamento, cui appartenne anche mio padre, consigliere comunale per l'istruzione a Bayreuth.

Veniva infatti da una famiglia medioborghese senza tradizioni militari: il padre, Karl Adolf Kesselring era un insegnante; la madre, Rosina, era anch'essa una Kesselring, cugina di secondo grado di Karl.

Albert era l'ultimo di sei fratelli, uno dei quali si suicidò quando studiava all'università; il futuro Maresciallo seguì gli studi classici a Bayreuth- dove la famiglia si era trasferita nel 1898- presso la *Lateinschule*; questo avrà, come vedremo, dei riflessi nella sua conduzione della guerra in Italia[3], eccellendo nella ginnastica, nella religione, nel disegno, nelle materie linguistiche (tedesco e francese), in storia, e nelle materie scientifiche, matematica- non a caso diverrà artigliere- e fisica, mentre in greco e latino i voti erano nella media, pur senza essere mai insufficienti. Albert si diplomò nel 1904[4].

Albert entrò in servizio a diciannove anni nel 2. *Bayerische Fuss-Artillerie Regiment* bavarese il 20 luglio 1904 come volontario allievo ufficiale (*Fahnenjuncker*). Albert scelse l'artiglieria perché in fanteria ci sarebbe stato da camminare troppo, mentre la cavalleria, arma d'élite dell'esercito tedesco, era troppo cara per il figlio di un insegnante[5].

Kesselring venne promosso *Unteroffizier* il 24 ottobre dello stesso anno, divenendo poi

---

[2] Più probabilmente il cognome Kesselring viene dalla parola indicante il manico del tegame : come scrive O. von Querfurt *Kritisches Wörterbuch der heraldischen Terminologie*. Nördlingen. 1872. Seite 118 f. *Kesselring* (auch Kesselrinken, *Kesselhenkel, Topfhenkel* oder mit dem Obe/Sammelbegriff Rinken beziehungsweise je nach Region und Zeitgeist anders genannt;In francese *cornière*; in inglese *pot-hanger* o *handle of a boiler*)
[3] Sull'argomento, K. Macksey, *Kesselring. The Making of the Luftwaffe*, London 1978, pp. 13 segg.
[4] P.P. Battistelli, *Albert Kesselring*, Oxford 2012, p.6.
[5] Ibid., p.6.

alfiere- *Fähnrich*, corrispondente al grado di aspirante ufficiale nel Regio Esercito- il 4 febbraio 1905, e in seguito alla frequentazione del corso allievi ufficiali presso la *Kriegsschule* di Monaco dal 1° marzo 1905 al 25 gennaio 1906 fu nominato sottotenente di quel reggimento e inviato alla frontiera franco-tedesca a Metz[6].
Là gli fu impartito il lungo e severo addestramento a cui dovevano sottoporsi tutti gli ufficiali tedeschi, che comprendeva la familiarizzazione con ogni tipo di equipaggiamento, d'artiglieria,
Tra il primo ottobre 1908 ed il 18 marzo 1908 Kesselring frequentò i corsi dell'*Artillerie- und Ingenierschule* a Monaco, dove ricevette l'insegnamento della tattica, materia per la quale mostrò un particolare interesse, che veniva impartito non soltanto teoricamente ma con *Kriegspiele* e visite d'istruzione ai vicini campi di battaglia della guerra franco-prussiana del 1870, dove il giovane Kesselring cominciò a studiare quell'*arte operativa* nella quale si sarebbe dimostrato maestro; nel 1910 ebbe la sua prima esperienza di volo sui palloni di osservazione usati per dirigere il fuoco dell'artiglieria frequentando il corso da osservatore presso il *Luftschiffabteilung*[7]. Tale corso, oltre a far nascere nel tenente Kesselring la passione per il volo, ne avrebbe ispirato in futuro l'azione di comando, come in Polonia, in Francia, Inghilterra e Russia, quando volle sempre rendersi conto della situazione militare sorvolando il fronte e le linee nemiche, esponendosi anche al fuoco nemico per osservare meglio: durante la Battaglia d'Inghilterra venne abbattuto cinque volte! Le sue note caratteristiche erano eccellenti: nel 1909 il suo comandante di battaglione lo descriveva come uno dei migliori ufficiali, con una promettente carriera davanti a sé; il tenente Kesselring, proseguiva, esercitava *grande influenza ed autorità sui propri subordinati*, da lui addestrati *con abilità, calma ed eccellenti risultati*[8].
Nel 1910 Albert sposò Pauline Anna Keyssler, iniziando un rapporto che sarebbe terminato solo con la morte della moglie nel 1957; la giovane coppia non ebbe figli, ma nel 1913 adottò il figlio del secondo cugino di Albert, Reiner.
Durante la prima fase della guerra mondiale, Kesselring prestò servizio per la maggior parte del tempo come Aiutante del 1. e del 3. *Bayerische Fuss-Artillerie Regiment*.
Il 3 settembre 1915 il tenente Kesselring venne trasferito al Quartier Generale della *Fussartillerie-Brigade*, venendo promosso capitano il 19 maggio 1916; il sei marzo 1917 divenne Aiutante presso il *Königliche Bayerischen Artillerie Kommandeur*. Nella primavera del 1917, quando gli inglesi e i canadesi iniziarono ad attaccare ad Arras, Kesselring fu determinante nel prevenire una disfatta delle truppe tedesche a *Vimy Ridge*- come il settore è noto dalla denominazione inglese- bloccando uno sfondamento britannico delle linee tedesche, e nel contribuire a stabilizzare la situazione per diversi giorni[9]. Gli stessi risultati Kesselring li ottenne di nuovo alcuni mesi dopo a Messines. Il risultato fu la sua nomina diretta allo Stato maggiore tedesco, senza la formalità della partecipazione alla *Kriegsakademie*. Svolse così, dopo un breve corso a Berlino presso la Scuola di protezione antigas, ed il trasferimento sul fronte orientale, ruoli di ufficiale di Stato Maggiore prima presso l'*Armeeoberkommando 6* dal 4 gennaio al 15 aprile quando prese servizio alla 2. *Königliche Bayerischen Landwehr Division*[10].
Al termine della guerra Kesselring era stato decorato con la croce di ferro di seconda e di

---

[6] Ibid., p.7.
[7] Ibid.
[8] Ibid.
[9] T. Bitner, *Kesselring: an Analysis of the German Commander at Anzio*, s.l, 1956 (abbiamo utilizzato la versione elettronica, p.8)
[10] Battistelli, op. cit., p.8.

prima classe, decorazioni rarissime per un ufficiale d'artiglieria e di Stato Maggiore che non aveva prestato servizio di prima linea.

L'indicazione per il futuro era quella di un ufficiale in grado di organizzare con grande efficienza e di condurre operazioni difensive in condizioni non ottimali[11].

Rientrato dal fronte, trovò la Baviera in preda alla rivoluzione rossa, con la sedicente Repubblica bavarese dei consigli, ovvero dei *soviet* (*Bayerische Räterepublik*) che aveva creato delle bande armate formate da disoccupati e vagabondi battezzate, sull'esempio russo, *Rote Armee*, che al di là della pomposità del nome e del colorito apparato di bandiere, stelle e fasce rosse al braccio, si squagliarono come neve al sole di fronte a pochi reparti regolari e a *Freikorps* veterani e ben motivati. Fu un periodo di caos, con gesti quantomeno strani, tipo la dichiarazione di guerra alla Svizzera per non aver prestato delle locomotive, il saccheggio e il sequestro delle abitazioni di privati per alloggiarvi senzatetto e vagabondi, la soppressione di nemici di classe, l'abolizione della carta moneta, della proprietà privata, dell'esercito e della religione e via farneticando.

Ovviamente il governo *rosso* era eterodiretto da Mosca. Basti leggere cosa scriveva Lenin il 27 aprile 1919, inviando i propri ordini a Eugen Levine:

> Vi ringraziamo per il vostro messaggio di auguri e, da parte nostra, salutiamo con tutto il cuore la Repubblica sovietica di Baviera.
> Vi chiediamo con urgenza di fornirci informazioni più frequenti e precise sulle questioni seguenti.
> Quali misure avete preso per combattere i carnefici borghesi, gli Scheidermann e la Co .; se sono stati formati consigli di operai e contadini nelle diverse sezioni della città; se avete armati i lavoratori ; se avete disarmata la borghesia; si è fatto uso delle scorte di indumenti e di altri oggetti per fornire aiuti immediati e completi ai lavoratori, in particolare ai braccianti agricoli e ai piccoli contadini; fare confiscare le fabbriche e le ricchezze capitaliste a Monaco e le fattorie capitaliste nei suoi dintorni; sono stati cancellati i pagamenti di mutui e affitti da parte di piccoli contadini; i salari dei braccianti agricoli e dei lavoratori non specializzati sono stati raddoppiati o triplicati; tutte le scorte di carta e tutte le macchine da stampa sono state confiscate in modo da consentire la pubblicazione di volantini e giornali popolari per le masse; è stato introdotto il giorno lavorativo di sei ore con istruzioni di due o tre ore nell'amministrazione statale; la borghesia di Monaco è stata costretta a rinunciare agli alloggi in modo che i lavoratori possano essere immediatamente trasferiti in appartamenti confortevoli; hai preso in consegna tutte le banche; hai preso in ostaggio i ranghi della borghesia?
> Avete introdotto razioni più alte per i lavoratori che per la borghesia; tutti i lavoratori sono stati mobilitati per la difesa e per la propaganda ideologica nei villaggi vicini? L'attuazione più urgente e più ampia di queste e di misure del genere, insieme con l'azione dei lavoratori, dei braccianti agricoli e, agendo separatamente da loro, dei consigli dei piccoli contadini dovrebbero rafforzare la vostra posizione.
> È necessario imporre una tassa di emergenza alla borghesia e- in una sola volta ed a tutti i costi- un effettivo miglioramento delle condizioni dei lavoratori, dei braccianti agricoli e dei piccoli contadini .
> Con sinceri saluti e auguri di riuscita.
>
> *Lenin*[12].

---

[11] Ibid.
[12] Lettera di Lenin a Levine, 27 aprile 1919, *Pravda* n. 111, 22 aprile 1930; in Lenin, *Collected Works* , Moscow, 1972, 29, pp. 325-326, consultabile su
https://www.marxists.org/archive/lenin/works/1919/apr/27.htm

Gli ammutinati avevano rifiutato l'autorità dei loro ufficiali, istituendo propri comitati. Per un po' Kesselring fu tenuto agli arresti con il sospetto di aver organizzato un *putsch* controrivoluzionario, che, in effetti, non tardò molto a verificarsi. Levine fu assassinato, e nella guerra civile che seguì, che non si limitò alla sola Baviera, prevalsero le fazioni di destra.

Per Kesselring, autoritario per temperamento, ogni genere di disordine era da condannare; decise perciò di dare le dimissioni, ma il suo ufficiale comandante fece appello alla sua coscienza di ufficiale di stato maggiore e lo pregò di rimanere almeno fino a quando non fosse stata organizzata una smobilitazione pacifica. Per tutta la vita Kesselring considerò il richiamo al dovere una questione prioritaria.

Obbedì, decidendo in seguito di continuare la carriera militare.

Come scrive Bidwell,

> Quando Kesselring prestò servizio sul fronte orientale, assistendo alle trattative di tregua, poté avere un quadro ravvicinato della dissoluzione dell'esercito russo sotto il bolscevismo, pur credendo all'epoca che le truppe tedesche non si sarebbero mai potute comportare in modo simile.
>
> La rivoluzione in Baviera gli fece una grande impressione. Kesselring non fu mai un nazista, e negli anni tra le due guerre mondiali evitò accuratamente ogni compromesso politico, ma tra i due mali preferiva il fascismo al comunismo. Come risultato, seguì l'esempio dei suoi camerati del Corpo ufficiali che prestarono il fatale giuramento di fedeltà ad Hitler in persona, piuttosto che allo Stato tedesco. Ciò, come vedremo, avrebbe avuto conseguenze disastrose alla fine della guerra, dopo, come credeva con buone ragioni, quarant'anni di onorata carriera[13].

Che Kesselring abbia combattuto contro la repubblica dei consigli è certo, avendolo dichiarato lui stesso al processo di Venezia nel 1947:

> *Kesselring.'* Sottotenente d'artiglieria, 1904; nella Prima Guerra Mondiale al servizio truppe ed allo Stato Maggiore. Dopo la Guerra Mondiale 1918/1919 prima Ufficiale di Stato Maggiore al QG di Norimberga e ho combattuto contro la rivoluzione[14].

La rivoluzione in Baviera lo colpì profondamente. Kesselring non fu mai nazista e negli anni fra le due guerre evitò risolutamente di farsi coinvolgere dalla politica, ma, fra i due mali, preferiva il nazismo al comunismo. Di conseguenza, quando venne il momento, seguì l'esempio dei suoi colleghi del corpo ufficiali e prestò il giuramento di fedeltà alla persona di Hitler anziché allo Stato tedesco.

Dopo la Prima guerra mondiale, Kesselring fu selezionato come membro dei 100.000 uomini della *Reichswehr* -dove le scarse attitudini al compromesso politico gli costarono dapprima la rimozione dagli incarichi di Stato Maggiore, venendo destinato al comando di una batteria- e, dopo la promozione a colonnello venne scelto per la nomina al *Truppenamt*, il velato successore dello Stato Maggiore tedesco, che ora era proibito ai sensi del trattato di Versailles, insieme a circa sessanta altri ufficiali scelti anche dal creatore della *Reichswehr* Hans von Seekt.

Il lavoro di questi ufficiali fu assolutamente essenziale per la futura rinascita delle forze armate tedesche negli anni '30. Ad un certo punto, Kesselring divenne responsabile della stesura del primo memoriale riguardante l'organizzazione e lo sviluppo del futuro stato

---

[13] Bidwell, op. cit., p. 319.
[14] Macksey, op. cit., p.14.

maggiore della *Wehrmacht*.

Come ricorda Bidwell, il nuovo comandante in capo del *Reichsheer* (dissimulato sotto il più asettico nome di *Chef der Heeresleitung* o *capo della direzione dell' esercito*), Hans von Seeckt, già generale prussiano ed ex ufficiale di stato maggiore generale, decise di fare non soltanto un doppio ma un triplo gioco. Doveva rassicurare il nuovo governo repubblicano della Germania che l'esercito sarebbe stato fedele e politicamente neutrale, nascondendo intanto la vera natura dell'organizzazione che stava creando. Doveva gettare polvere negli occhi della commissione di controllo alleata, cosa che a quanto pare risultò abbastanza facile. Se il possesso materiale di certi tipi di armi era stato proibito, niente vietava di studiarne i moderni sviluppi, e di realizzarli.

La consistenza dell'esercito non avrebbe oltrepassato di una sola unità quanto era stato specificatamente imposto, prosegue Bidwell, ma la commissione di controllo non doveva scoprire che la struttura di ciò che si stava costruendo era concepita come base per l'espansione e il riarmo quando i tempi sarebbero stati maturi. Poiché von Seeckt non aveva la stoffa dell' innovatore, quello sarebbe stato compito degli uomini che vennero dopo di lui. Il suo intento era quello di ricreare un esercito piccolo ma efficientissimo sul modello di quello esistente nel 1914, con la differenza che tutta la bassa forza doveva costituire il nucleo di base per i futuri sottufficiali e graduati. Logicamente, il capo della direzione dell'esercito (*Heeresleitung*) doveva avere una qualche specie di stato maggiore, e sembrò ragionevole reclutarne i membri scegliendo i migliori nella massa di ufficiali che stavano per essere smobilitati ed erano ansiosi di avere un posto. Von Seeckt scelse naturalmente ex membri dello stato maggiore generale, con una preferenza per quelli in possesso di conoscenze tecniche, come l'ufficiale di artiglieria Kesselring. In questo modo, e alla chetichella dietro la facciata del *Truppenamt*, era rinato lo stato maggiore generale, *figlio illegittimo ma pieno di vigore, pronto a fungere ancora una volta da appoggio e cervello dell'esercito tedesco*[15]

Inoltre, Kesselring dedicò molto tempo allo sviluppo delle armi e allo sviluppo logistico creato per supportare questi nuovi sistemi d' arma. Gli ufficiali venivano trasferiti, incluso Kesselring, dal lavoro nel *Truppenamt* in vari reparti, per addestrarli a vari compiti e consentire loro di acquisire esperienza in diversi settori. Questo approccio si rivelò inestimabile per lo sviluppo delle capacità di questi ufficiali in vista della futura espansione delle forze armate tedesche.

Il 1° ottobre 1933, Kesselring fu nominato capo dell'Ufficio amministrativo della *Luftwaffe*. A quel tempo, la *Luftwaffe* non esisteva ufficialmente a causa delle restrizioni del trattato di Versailles. Di conseguenza, Kesselring si trovò senza uniforme per la prima volta in quasi 30 anni e non era più considerato, sia pure ufficialmente, un militare, ma un aviatore. Nel suo nuovo lavoro, tuttavia, scoprì che era sostanzialmente la continuazione di molte delle cose che aveva fatto al *Truppenamt*. Come capo dell'amministrazione, Kesselring fu stato determinante nel rafforzamento e nello sviluppo materiale della *Luftwaffe*. Nel 1936 Kesselring ebbe il grado di tenente generale.

In quell'anno, lo Stato Maggiore della *Luftwaffe* venne istituito ufficialmente con Walther Wever quale primo Capo di Stato Maggiore. In seguito alla morte prematura di Wever in un incidente aereo, Kesselring gli successe quale nuovo Capo di Stato Maggiore.

Come osserva il generale Bidwell, è logico chiedersi in base a quali considerazioni un ex ufficiale di artiglieria che aveva fino ad allora maturato la sua esperienza esclusivamente nel campo dell'amministrazione venisse considerato adatto al comando di un'arma com-

---

[15]Bidwell, cit., p.p 319- 320

pletamente nuova, che richiedeva conoscenze tecniche e capacità operative acquisibili soltanto con l'esperienza di volo. La prima considerazione fu che la *Luftwaffe*, anche se arma indipendente, era stata concepita da ufficiali dell'esercito per lo scopo specifico di agire in stretta collaborazione con le truppe terrestri impegnate in battaglia. (La formula della cosiddetta *Blitzkrieg* era basata su una semplice combinazione: mobilità meccanizzata più potenza aerea più comunicazioni radio.)

La seconda fu che tutti gli ufficiali di stato maggiore generale erano tenuti a possedere una conoscenza approfondita di strategia e tattica.

La terza fu che lo stesso Kesselring era non soltanto un comandante nato, ma anche intelligente, la cui mente era sempre aperta a nuove idee e capace di adattarsi a nuove situazioni. In modo del tutto caratteristico, comprendeva che, per riuscire a esercitare l'autorità e guadagnarsi il rispetto della nuova generazione di giovani combattenti, i piloti d 'assalto, egli stesso doveva imparare a volare. Riuscì a conseguire il brevetto di pilota; un brevetto che, a dire il vero, non gli consentiva di volare su uno dei sofisticati velicoli da combattimento, ma che lo metteva in grado di pilotare il suo piccolo aereo personale da collegamento quando partiva per le visite d' ispezione. Non fu comunque un ' impresa da poco per un uomo di quarantotto anni[16].

Come nuovo Capo di Stato Maggiore., Kesselring usò la propria influenza per risolvere il dibattito sull'uso strategico dell'aviazione contro quello tattico allora in corso nella *Luftwaffe*. Alcuni, tra cui Wever, ritenevano che la *Luftwaffe* dovesse trasformarsi, secondo la dottrina di Giulio Douhet sul *dominio dell'aria*, in una forza strategica con capacità di bombardamento a lungo raggio, ciò che richiedeva attrezzature tecnologicamente sofisticate e costose. Kesselring, invece, vedeva la *Luftwaffe* come un sistema di supporto tattico orientato a sostenere le forze di terra in stretto coordinamento e usando velivoli di attacco meno costosi, ma molto precisi come lo *Ju 87* (*Stuka*). Con Kesselring come Capo di S.M., la decisione di privilegiare il supporto tattico fu assicurata[17].

Un secondo problema affrontato da Kesselring riguardava l'autorità organizzativa. Hermann Göring era il comandante in capo della Luftwaffe col grado di *Reichsmarschall* e ministro dell'Aeronautica del governo del Reich. Erhard Milch, l'ex capo della *Lufthansa*, era il Segretario di Stato per l'aviazione. Kesselring, in qualità di Capo di Stato Maggiore della *Luftwaffe*, pensò che avrebbe dovuto riferire direttamente al *Reichsmarschall*, un normale accordo organizzativo. Milch, invece, riteneva di dover avere la capacità di intervenire tra i due in un altro livello di autorità. Il problema era incentrato sulla mancanza di definizione delle responsabilità e dell'autorità del Segretario di Stato per l'aviazione.

Kesselring spinse per limitare l'autorità di Milch e stabilire un rapporto diretto permanente tra il Comandante in Capo e il Capo dello Stato Maggiore, mentre Milch si dichiarò in disaccordo. Göring decise in favore di Kesselring e la *Luftwaffe* adottò una nuova struttura di comando che definiva i limiti dell'autorità dei vari ufficiali e stabiliva relazioni dirette tra lo Stato Maggiore con il Ministro il 2 giugno 1937.

Avendo portato a termine questo compito, Kesselring chiese d'essere sollevato dall'incarico e inserito nell'elenco degli ufficiali in congedo.

Göring accettò la richiesta di Kesselring ma non lo mandò in congedo. Kesselring si trovò così al comando del *Luftkreis* III, responsabile della difesa aerea della Slesia, della Sassonia e della Germania centrale. Il suo comando fu cambiato da comando di area a comando operativo nell'aprile 1938 e ridenominato *Luftflotte* I, con sede a Berli-

---

[16]Ibid., p. 323,
[17]Battistelli, loc. cit.

no. Questo particolare comando inquadrava una parte significativa della potenza aerea della Luftwaffe.

Scoppiata la Seconda Guerra mondiale, Kesselring ebbe il comando della *Luftflotte* II, la seconda Flotta Aerea[18].

---

[18] Macksey, op. cit., pp. 56 segg.

2.
GLI ANNI DELLA BLITZKRIEG, 1939- 1941.

Il primo settembre 1939, la Germania attaccò la Polonia, offrendo a Kesselring la prima opportunità di guidare le forze aeree in combattimento. Il suo comando operava nella zona del Gruppo d'Armate Nord, comandato dal generale von Bock. A quel tempo, la dottrina della Luftwaffe era che i comandi aerei fossero destinati a funzionare indipendentemente dal controllo dell'esercito, ma Kesselring cercò di collaborare strettamente con Bock nel fornire un supporto tattico alle forze di terra.

Durante la conquista della Polonia e tutte le successive campagne, il modo di operare di Kesselring fu di moto costante, volando incessantemente per condurre personalmente la ricognizione delle forze nemiche e osservare le capacità dei suoi piloti in combattimento.

Nella campagna polacca, la sua missione specifica era di spostarsi con il Gruppo d'Armate Nord mentre venivano annientate le forze polacche e si univa alle unità nella Prussia orientale, per proteggere Berlino dagli attacchi aerei, e per distruggere le unità polacche. L'obiettivo di Kesselring, secondo la dottrina della *Luftwaffe*, era quello di distruggere l'aeronautica polacca e i suoi sistemi di supporto a terra per consentire la fornitura di un supporto aereo ravvicinato. Il maltempo del 1° settembre e le efficaci precauzioni da parte dei polacchi nel trasferire i loro aerei dagli aeroporti più vulnerabili impedirono l'immediata realizzazione della prima missione.

Per quanto riguarda la sua cooperazione con von Bock, Kesselring dichiarò

> Da vecchio ufficiale dell'esercito, ho compreso troppo bene i bisogni e le preoccupazioni dell'esercito per non raggiungere un accordo completo con lui (von Bock) in brevi colloqui. Non ero subordinato a von Bock, ma mi sentivo volontariamente sotto i suoi ordini in tutte le questioni di tattica terrestre[19].

Questo approccio divenne un modo di agire coerente di Kesselring - priorità del supporto a terra- e esprime chiaramente le sue motivazioni per sviluppare un'aeronautica principalmente tattica. Il risultato di questa cooperazione tra *Luftwaffe* e *Heer* in Polonia è stato l'uso efficace del J-87 *Stuka* nel supporto aereo ravvicinato e l'uso del cannone anti-aereo da 88 mm come arma di supporto a terra.

Dopo la conclusione della campagna polacca, a Kesselring venne chiesto di rimanere in Polonia per sviluppare le difese aeree per i territori di nuova acquisizione. Questo incarico però non durò a lungo, perché Kesselring fu presto trasferito a ovest per assumere il comando della *Luftflotte* 2, sostituendo un vecchio collega del *Truppenamt*, il generale Felmy. Felmy era stato rimosso dal comando per una violazione della sicurezza che aveva compromesso il piano per l'invasione di Paesi Bassi, Belgio e Francia.

Vale la pena di raccontare quanto avvenuto, perché Kesselring scrisse nelle sue memorie che, per la prima volta, poté avere un' idea dell'isterismo che era sempre latente nella mente del Führer e che doveva incombere sui loro successivi rapporti.

> Il pilota di un aereo da collegamento della 2a flotta aerea, mentre trasportava un ufficiale di stato maggiore che aveva con sé importanti documenti relativi al piano dell' imminente invasione di Francia e Paesi Bassi , perse l'orientamento e atterrò in Belgio. Pilota

---

[19] Cit. in Bitner, op. cit., p. 11.

e passeggero furono arrestati, e il servizio informazioni tedesco diede per scontato che tutto il piano fosse ormai compromesso. Hitler s' infuriò, mandò a chiamare Göring e gli diede una solenne lavata di capo, imputando l'incidente alla mancanza di disciplina o, peggio, a una colpa della *Luftwaffe*.

Göring rispose per le rime e, stando a quanto racconta Kesselring, ci fu un violento alterco. Il comandante della 2a flotta aerea e il suo capo di stato maggiore furono esonerati dal comando, mentre le sventurate mogli degli ufficiali catturati vennero imprigionate.

Goring riunì gli ufficiali superiori della *Luftwaffe* e scaricò su di loro gli insulti del Fiihrer; poi, in tono non troppo convinto, chiese a Kesselring di assumere il comando della 2 a flotta aerea dato che «*non aveva nessun altro sotto mano*».

Per Kesselring quella s*porca faccenda* fu un altro colpo di fortuna, visto che si trovò di nuovo a fornire appoggio aereo a von Bock, ed ebbe l'opportunità di dimostrare il suo valore di comandante nel nuovo gioco della guerra terra/aria[20].

Il nuovo comando di Kesselring includeva le aree amministrative di Munster e Amburgo, un gruppo aviotrasportato, tre gruppi di bombardieri, una squadra aerea da caccia e un corpo di artiglieria contraerea. Il trasferimento giunse in tempo per gli ultimi preparativi per l'imminente invasione dell'Occidente.

Il piano di invasione prevedeva un significativo sforzo a terra come parte delle responsabilità di Kesselring, che venne incaricato di pianificare e condurre l'impiego del primo uso su vasta scala di truppe aviotrasportate, alianti e paracadutisti nell'Europa occidentale.

Queste unità dovevano essere utilizzate per impadronirsi dei punti chiave in anticipo rispetto al grosso delle truppe tedesche in avanzata.

Nell'impiego di queste unità, Kesselring si preoccupò della sorpresa e della risoluzione di complicati problemi di trasporto per portare le unità paracadutiste, quelle su alianti e le truppe aerotrasportate via aria sui loro obiettivi.

Per quanto oggi questi possano esser visti come normali problemi di trasporto aereo, nel 1940 si trattava di una totale innovazione, e simili problemi non si erano mai posti in precedenza: per lo staff di Kesselring furono incarichi pionieristici.

Kesselring esaminò i piani sviluppati prima del suo arrivo e apportò alcune modifiche. La sua preoccupazione principale, tuttavia, erano le disposizioni per il supporto a terra, che derivavano dalla sua vecchia specializzazione come osservatore d'artiglieria.

Nel piano per l'invasione a ovest concepito da von Manstein, il gruppo d'armate B di von Bock doveva lanciare un'offensiva in Belgio e Olanda attraverso un territorio solcato da ostacoli naturali per le forze corazzate, con il doppio scopo di impedire alla Royal Air Force l'uso delle basi aeree olandesi e di attirare i franco-britannici verso sinistra dando così modo al grosso delle forze tedesche (il gruppo d'armate A che comprendeva due Panzergruppen) di aprirsi un varco nel settore centrosettentrionale del fronte francese avanzando attraverso le Ardenne e circondando l'intera ala sinistra alleata.

Kesselring partecipò alla stesura dei piani per la battaglia di terra molto più attivamente di quanto non avesse fatto per la Polonia, ricorda Bidwell. Le truppe aviotrasportate e paracadutiste facevano parte della *Luftwaffe*, così egli fu responsabile non soltanto del loro trasporto, ma delle loro operazioni a terra e anche della loro protezione in aria. Faceva capo a lui anche la difesa terra/aria, dato che l'artiglieria contraerea era composta di truppe della *Luftwaffe*, compresi i famosi cannoni contraerei da 88 mm, i cui serventi erano perfettamente addestrati a trasformarsi in artiglieria d' assalto o a ingaggiare battaglia anche con i carri armati nemici. La *Luftflotte* 2a comprendeva cinque gruppi da cac-

---

[20]Bidwell, cit., p.323.

cia, bombardieri in picchiata e d'alta quota; uno stormo da caccia; un corpo completo di artiglieria contraerea agli ordini di un tenente generale; un corpo avioportato sotto il generale Student composto di una divisione di paracadutisti, una divisione di fanteria e tutti gli aerei Ju 52 e gli alianti destinati a trasportare le truppe in azione.

Compito di Kesselring era pianificare un'operazione su vasta scala di un tipo mai tentato prima in una guerra, né, addirittura, mai messo alla prova in esercitazioni.

L' idea era di conquistare rapidamente il Belgio e l'Olanda secondo il metodo della *Blitzkrieg*, impiegando le forze avioportate per impadronirsi dei punti chiave dislocati sulle strade lungo le quali sarebbero avanzate le avanguardie corazzate del gruppo d ' armate B: il forte di Eben-Emael, i ponti sul canale Alberto e il ponte sulla Mosa che portava a Rotterdam . I paracadutisti dovevano altresì occupare le basi aeree vicino a Rotterdam, che avrebbero consentito alla seconda on325 data di forze aviotrasportate di arrivare sul teatro d'operazioni a bordo degli aerei da trasporto. Coordinare queste operazioni di trasporto aereo con la battaglia per il controllo dei cieli e l'appoggio ravvicinato a terra delle divisioni di punta non era semplice. Il peso maggiore del lavoro organizzativo cadde sulle spalle di Kesselring e dello stato maggiore della *Luftflotte* 2.

Kesselring, inoltre, doveva occuparsi di «indottrinare» gli ufficiali dell'unità di von Bock facendo loro capire che i pezzi della sua contraerea dovevano essere posizionati ben avanti rispetto al loro ordine di marcia, e che era essenziale fare di tutto perché le avanguardie corazzate stabilissero al più presto possibile il contatto con i reparti aviotrasportati, dato che questi non erano equipaggiati per resistere a lungo ai probabili contrattacchi sferrati dal nemico con carri armati e artiglieria pesante .

Un'unica cosa andò storta nel piano di Kesselring, scrive ancora Bidwell, e fu quando l'esercito olandese resistette ai paracadutisti all' attacco di Rotterdam e questi richiesero l' appoggio aereo.

Il generale Student rimase gravemente ferito, le comunicazioni radio saltarono e una zona della città a nord del fiume fu sottoposta a pesanti bombardamenti. Il governo olandese capitolò il giorno seguente. A seguito dell' incidente l'aviazione fu accusata di bombardamento terroristico a scopo intimidatorio; Kesselring negò tali accuse, sostenendo che le sue azioni erano avvenute nel pieno rispetto delle convenzioni internazionali[21].

Dopo la rapida penetrazione tedesca in Francia e la creazione della sacca di Dunkerque, Göring propose a Hitler che le forze intrappolate fossero eliminate dall'azione della *Luftwaffe* e che l'esercito fosse tenuto pronto per intervenire. Kesselring si oppose a questa proposta, non perché pensasse che le forze di terra fossero più adatte per questo compito, ma perché riteneva che le sue forze aeree fossero troppo indebolite per portare a termine la distruzione delle truppe anglo- francesi a Dunkerque[22].

Dopo la resa della Francia e la mancata accettazione da parte britannica delle sue proposte di pace, Hitler concentrò i suoi sforzi sulla Gran Bretagna e iniziò a preparare l'invasione dell'Inghilterra, operazione denominata in codice *Seelöwe*, Leone Marino.

Il piano tedesco si basava sulla superiorità della propria forza aerea rispetto a quella inglese per proteggere i mezzi da sbarco che avrebbero dovuto attraversare la Manica.

Per preparare l'invasione la *Luftwaffe* aveva 2.820 aerei, mentre la *Royal Air Force* , con a capo Sir Hugh Dowding, poteva schierare 591 apparecchi.

Dopo la campagna di Francia, la Luftwaffe venne riorganizzata su tre *Luftflotten*.

La *Luftflotte* 2 al comando di Albert Kesselring, nominato a luglio *Generalfeldmarschall*

---

[21] Ibid., pp. 324- 325-
[22] Bitner, op. cit.., p. 12.

era responsabile per i bombardamenti dell'Inghilterra sud-orientale e della zona di Londra.

La *Luftflotte* 3, comandata dal *Generalfeldmarschall* Hugo Sperrle era responsabile per la West Country, le Midlands e l'Inghilterra nord-occidentale.

La *Luftflotte* 5, comandata dal *Generaloberst* Hans-Jürgen Stumpff, con quartier generale in Norvegia, era responsabile per le operazioni contro il Nord dell'Inghilterra e la Scozia. Nel corso della Battaglia d'Inghilterra le responsabilità dei comandi si modificarono, con la *Luftflotte* 3 che si fece carico degli attacchi notturni, mentre il peso degli attacchi diurni ricadde progressivamente sulle spalle della *Luftflotte* 2 di Kesselring.

Le stime iniziali della Luftwaffe' circa la durata della campagna prevedevano quattro giorni per sconfiggere il *Fighter Command* della RAF nell'Inghilterra meridionale, cui dovevano far seguito altre quattro settimane in cui bombardieri e caccia a lungo raggio avrebbero spazzato il resto del paese e distrutto l'industria aeronautica britannica. Il piano prevedeva di iniziare attaccando gli aeroporti vicino alla costa, estendendo in seguito gli attacchi verso l'entroterra, verso Londra e l'anello di aeroporti incaricati della sua difesa.

Nel complesso la *Luftwaffe* si attenne a questo schema ma Kesselring e Sperrle avevano gravi divergenze su quale dovesse essere la strategia complessiva da adottare: per il Maresciallo Sperrle, andava innanzi tutto annientata la difesa antiaerea facendo ricorso ai bombardieri, mentre Kesselring sosteneva la necessità di attaccare direttamente Londra - sia per costringere il governo britannico alla resa, sia per costringere i caccia della RAF a una battaglia decisiva. Göring, ossessionato come era dal mantenere la propria base di potere all'interno della *Luftwaffe*, non fece nulla per appianare queste divergenze strategiche tra i due Marescialli.

La R.A.F. spostò molto a nord di Londra parte degli aeroporti e la logistica per i rifornimenti ai velivoli. Questa operazione aveva lo scopo di spingere all'interno i caccia tedeschi durante eventuali duelli con quelli inglesi; in questo caso, data la loro scarsa autonomia, anche se fossero scampati al combattimento sarebbero stati impossibilitati a raggiungere le loro basi dato che il carburante non sarebbe stato sufficiente.

Le squadriglie di Kesselring dovevano iniziare i loro attacchi contro la RAF l'11 agosto 1940, il cosiddetto *Adlerstag*, il Giorno dell'Aquila, mentre, secondo i piani di Hitler, l'invasione vera e propria dveva venir effettuata intorno il 15 settembre.

Dato che l'11 ed il 12 agosto il tempo volse al brutto con nubi basse e poca visibilità, i primi imponenti attacchi tedeschi si svolsero il giorno 13.

Durante questa giornata la Luftwaffe effettuò 1.485 sortite ma, alla fine, gli inglesi persero solamente 13 aerei contro i 46 nemici.

Il 14, 15 e 16 agosto la *Luftflotte* 2 fece più di 1.500 incursioni al giorno dirigendosi verso il Kent, l'area orientale dell'Inghilterra e gli aeroporti del sud; ogni volta però il bilancio di velivoli abbattuti era sempre favorevole alla RAF.

Ormai era chiaro che la RAF era ben lontana dall'essere sconfitta e, anche durante la giornata del 18, i tedeschi persero 71 aerei contro i 17 inglesi.

Dopo una settimana di combattimenti la *Luftwaffe* non era riuscita a conquistare la superiorità aerea; perdendo anzi 363 aerei contro i 200 britannici.

Per ovviare a questa situazione Kesselring mutò tattica: riteneva che, attaccando gli aeroporti dell'11th *Group* nel settore sud-est del Paese, avrebbe costretto gli inglesi a schierare tutte le loro forze disponibili, per difendere gli aerodromi. Il piano presentava i suoi rischi per il motivo le squadriglie naziste avrebbero dovuto spingersi più in profondità per raggiungere i loro obiettivi; venne quindi deciso di aumentare il numero dei caccia di scorta ai bombardieri.

Questa nuova strategia, per un certo periodo, sembrò potesse risultare vincente per la *Luftwaffe*; infatti, fra il 24 agosto e il 6 settembre, le *Luftflotte* 2 e 5 effettuarono 33 incursioni che causarono agli inglesi la perdita di 286 velivoli.

Alla fine di agosto, l'effettuazione l'operazione *Seelöwe* venne rimandata dal 15 al 21 settembre.

La notte tra il 24 ed il 25 agosto alcune bombe caddero sulla città di Londra; Hitler disse alla radio che si trattava *solo di un errore* ma gli inglesi decisero di rispondere attaccando la Germania e Berlino.

 Mentre l'isola era attaccata da 1500 aerei tedeschi, alcuni bombardieri della RAF sganciarono il loro carico su Berlino in pieno giorno: per i tedeschi fu un colpo psicologico molto forte, dato che Göring, in passato, aveva detto più volte che i cieli di Berlino erano inviolabili per gli Alleati, aggiungendo che se ciò fosse avvenuto si sarebbe fatto chiamare *Hermann Meyer*, guadagnandosi così un soprannome che gli sarebbe rimasto sino alla morte.

Per ritorsione contro il bombardamento inglese, Kesselring impegnò tutti i suoi bombardieri per attaccare Londra; gli attacchi però furono rivolti verso il centro della città e non verso i punti strategici dove si trovavano gli obiettivi militari.

In questo modo alcune zone di Londra divennero un cumulo di macerie ma gli inglesi rimasero sempre in condizione di combattere e la R.A.F. continuò ad essere ben lontana dall'essere annientata.

Nella prima metà di settembre l'aviazione tedesca continuò nelle sue incursioni subendo pesanti perdite, in alcune giornate, le condizioni meteo non furono buone e quindi gli attacchi della *Luftwaffe* dovettero diminuire di intensità.

Hitler fissò il 27 settembre come data ultima per l'invasione e, siccome fra l'ordine e l'effettivo inizio delle operazioni di sbarco dovevano passare dieci giorni, la RAF doveva essere neutralizzata, al massimo, entro il giorno 17.

La giornata decisiva della Battaglia d'Inghilterra fu il 15 settembre 1940.

Infatti in quel giorno i tedeschi organizzarono due massicce incursioni su Londra, che però furono efficacemente contrastate dai piloti inglesi: i bombardieri della *Luftflotte* 2 si dovettero sganciare in tutta fretta le loro bombe senza mirare, impedendo quindi che i loro obiettivi fossero centrati. Anche un attacco diretto contro gli stabilimenti aeronautici *Supermarine* di Southampton dove venivano prodotti gli *Spitfire* incontrò una violentissima reazione della contraerea. Nella sola giornata del 15 settembre Kesselring aveva perduto non meno di 60 velivoli contro i 23 inglesi.

Questo ulteriore insuccesso contribuì alla decisione che Hitler prese il 17 settembre di accantonare il piano d'invasione sino a data da destinarsi.

Göring, però, tra il 17 e il 30 settembre, ordinò a Kesselring di continuare gli attacchi contro Londra e contro le fabbriche di aeroplani, malgrado le perdite.

Agli inizi di ottobre Hitler non aveva ancora perso del tutto la speranza di sbarcare in Inghilterra ma i comandanti dell'*Heer* e della *Kriegsmarine* gli suggerirono di abbandonare il piano per evitare di esporre ai bombardieri britannici le unità ammassate nei porti francesi sulla Manica; qualche giorno dopo Alfred Jodl, capo dell'ufficio operativo dell'*Oberkommando des Wehrmacht*, consegnò a Hitler un rapporto in cui si sosteneva che uno sbarco tedesco era ormai praticamente impossibile. L'11 novembre Hitler rinunciò definitivamente all'invasione.

La rinuncia alle operazioni di sbarco non coincise però con la fine dei bombardamenti della *Luftwaffe* sull'Inghilterra. Fino a quando le squadriglie tedesche, nel maggio del 1941, non furono trasferite ad est per preparare l'invasione dell'Unione Sovietica, i bombardieri tedeschi continuarono le loro azioni su Londra, sulle città industriali e sui porti, causando la perdita di circa40.000 civili inglesi e il ferimento di altri 46.000; ma ormai da dicembre Kesselring aveva lasciato il comando delle operazioni della *Luftflotte* 2.

La campagna in Francia e la successiva battaglia d'Inghilterra (che per Kesselring si svolse da giugno a dicembre 1940), servono a mostrare alcuni tratti caratteristici di Kesselring.

Durante la battaglia d'Inghilterra Kesselring mostrò il suo ben noto ottimismo sulle capacità delle proprie forze dimostrando una grande fiducia nelle stime della *Luftwaffe* delle perdite inflitte agli aerei britannici distrutti usando queste cifre per la pianificazione delle azioni. Kesselring volle volare in ogni occasione per osservare gli effetti degli attacchi della *Luftwaffe* come l'attacco a Coventry.

Il desiderio di osservare la battaglia in prima persona e di vedere la capacità offensiva delle sue forze forse rifletteva la sua esperienza trentennale come artigliere. Ad ogni modo, questo tipo di attività lo portarono ad essere colpito dalla contraerea o costretto ad atterrare ben cinque volte[23].

Inoltre, le campagne in Francia e nei Paesi Bassi mostrano la meticolosa pianificazione ed esecuzione delle operazioni aeree tipiche del *modus operandi* di Kesselring.

Dall'attività di Kesselring esce il quadro di un comandante capace, ottimista e coraggioso, adatto al tipo di guerra offensiva in cui era stato coinvolto.

In riconoscimento dei propri meriti Kesselring ricevette il bastone di Maresciallo da Adolf Hitler nel corso della cerimonia tenuta il 19 luglio presso l'Opera Kroll a Berlino, quando, dopo il trionfo sulla Francia, venne reintrodotto il grado di *Generalfeldmarschall* abolito nel 1918.

Con lui vennero promossi Brauchitsch, Bock, Keitel, Kluge, Leeb, List, Milch, Reichenau, Rundstedt, Sperrle e Witzleben.

Nel dicembre del 1940, Kesselring fu profondamente coinvolto nella pianificazione dell'operazione *Barbarossa*, mentre i continui bombardamenti della *Luftwaffe* sulla Gran Bretagna degenerarono in uno sforzo diversivo per mascherare la pianificata, e mai avvenuta, invasione dell'isola, sollecitata proprio da Kesselring, che riteneva semplice aver ragione di *funfzig Spitfires* ("cinquanta *Spitfire*").

La *Luftflotte* II si trasferì a Varsavia nel giugno 1941, poco prima dell'invasione dell'URSS, mentre Kesselring si trovò di nuovo di sostegno di von Bock e del suo Gruppo d'Armate Centro.

L'invasione iniziò con attacchi aerei alle 03:30, del 22 giugno 1941.

Kesselring era costantemente in volo, osservando lo svolgimento delle operazioni, atterrando per coordinarsi con l'esercito e visitando gli equipaggi di ritorno dalle missioni.

C'era sempre il sorriso ampio e il fascino della sua cordialità, era famoso per infondere fiducia e di solito c'era una pronta risposta da parte degli uomini, molti dei cui nomi ricordava a memoria, anche quando le cose potevano andare storte.

Quando iniziò l'operazione *Barbarossa* Kesselring inviò contro Brest Litowsk, che resisteva, uno *Stuka-Geschwader* che lanciò circa 4.000 bombe sulla guarnigione, che si arrese dopo nove giorni.

Pochi giorni dopo Kesselring sorvolò le posizioni sovietiche con il suo *Focke-Wulf FW 189*; la *Luftwaffe* aveva l'assoluto dominio dell'aria. I vecchi *Polikarpov* I-15/16 erano facili bersagli per i piloti tedeschi, e spesso non erano in grado di abbattere gli Ju-87 *Stuka*.

Guderian richiese a Kesselring di bombardare l'artiglieria sovietica con bombardamenti che saturassero l'area dove erano schierate le batterie nemiche, senza badare

---

[23] Ibid.

all'accuratezza quanto alla potenza, in modo da terrorizzare gli artiglieri sovietici e spingerli a cercare rifugio abbandonando i pezzi, richiesta accolta dal pragmatico Kesselring[24].

Grazie anche all'appoggio della *Luftflotte* II l'*Heeresgruppe Nord* nei primi cinque giorni dell'operazione *Barbarossa* avanzò di duecento km in territorio sovietico

Un problema più serio dell'aviazione sovietica per Kesselring si rivelò lo stato delle strade sovietiche, bloccate dalla *rasputiza*, il fango, tanto che non avendo a disposizione veicoli cingolati Kesselring dovette stabilire il proprio Quartier Generale in un treno presso Brest Litowsk, e, a luglio, in una colonna motorizzata ad oriente di Minsk, per poter rimanere in contato con le proprie unità avanzate[25].

Kesselring proseguì le proprie missioni di osservazione aerea, e propose un lancio di paracadutisti per intrappolare le formazioni sovietiche che aveva visto in rotta tra Yartsevo e Smolensk, ma ciò fu impossibile per le perdite elevate subite dai paracadutisti in Olanda ed a Creta[26]; ad ogni modo la scelta di Kesselring di creare un'aviazione che appoggiasse tatticamente le operazione delle truppe di terra si dimostrò vincente, distruggendo mezzi corazzati, veicoli, ponti e depositi e bombardando le truppe, di concerto con l'avanzata delle divisioni corazzate. Kesselring spostò il proprio Quartier Generale a Smolensk e iniziò a far rifornire le truppe al fronte con i giganteschi alianti del tipo *Messerschmitt Me 321 Gigant*.

Ma quando le direttrici di assalto tedesche si divisero tra nord e sud, verso Leningrado e verso Kiev, Kesselring accusò l'OKW di indecisione (*Zögern*) e si lamentò del fatto che la *Luftflotte* II non potendo più operare a massa ma dividere le proprie forze nei due settori fosse meno efficiente e più vulnerabile, in un momento in cui cominciavano a fare la propria comparsa caccia sovietici di nuova generazione, e la *Luftwaffe* iniziava ad accusare perdite di uomini e materiali[27].

Quando Hitler ordinò di bombardare Mosca per far crollare il morale della popolazione civile Kesselring obbiettò che erano raid troppo pericolosi, e che ogni equipaggio abbattuto era da considerarsi perso, inoltre, come scrive Macksey, pur eseguendo gli ordini ricevuti da Hitler, Kesselring era moralmente contrario ai bombardamenti sulla popolazione civile[28]

Tuttavia, durante la campagna russa, Kesselring dimostrò di avere ancora cose da imparare come comandante.

Durante la crisi militare verificatasi nella zona del saliente di Yelnya, nell'area dell'*Heeresgruppe Mitt*e, tra il 30 agosto ed il 4 settembre 1941, quando Kesselring contestò la decisione di Bock di evacuare il saliente minacciato di accerchiamento dalla controffensiva sovietica del Fronte di Riserva di Zukov che comprendeva la 24 Armata di Rakutin e la 43 di Kurochin, giudicandola non necessaria e sostenendo di poter alleggerire la situazione con gli attacchi dei propri aerei. Quando venne a sapere che Hitler aveva al contrario autorizzata l'evacuazione, Kesselring cambiò immediatamente idea, con tutta evidenza una mossa "politica" per non porsi contro il *Führer*[29].

---

[24] Sangster, op. cit., pp. 102-103.
[25] Ibid, p. 103.
[26] Macksey, op. cit., p. .97
[27] Sangster, op. cit., p. 103.
[28] Macksey, op. cit., p. 98. scrive: I think Kesselring realised this. His record is pretty clean when it comes to deliberate attacks on non-combatants.
[29] Bitner, op. cit, p. 14.

Albert Kesselring con il distintivo di pilota militare italiano ed il nastrino di Grand'Ufficiale della Corona d'Italia

3.
IL FRONTE DEL MEDITERRANEO

L'attività di comando di Kesselring in Russia fu relativamente breve.
A metà settembre, gli venne proposto dal generale Hoffman von Waldau, un ufficiale dello Stato Maggiore della Luftwaffe, il trasferimento nel teatro mediterraneo[30]. Kesselring non prese seriamente in considerazione la richiesta in quel momento e presto se ne dimenticò nelle frenetiche attività della campagna di Russia. La richiesta divenne un ordine, tuttavia, a novembre. Rommel, in Nord Africa, aveva bisogno di appoggio aereo. Il 28 novembre, Kesselring venne nominato *Oberbefehlshaber Süd*.
Agli italiani la cosa non piacque: si resero conto che era la pietra tombale sulla *guerra parallela* delle due Potenze dell'Asse. Annotò Galeazzo Ciano:

> 5 NOVEMBRE – Cavallero mi parla della venuta del Maresciallo Kesselring in Italia. Prenderà il comando delle forze armate operanti nell'Italia meridionale e nelle Isole Jonie, il che corrisponde a tutte le forze operanti. Anche Cavallero si rende conto che ciò avrà una grande e brutta ripercussione nel Paese. Personalmente, egli vorrebbe almeno tirarne un vantaggio e fa capire che se gli si desse il grado di Maresciallo, la cosa sarebbe in parte rimediata. Mussolini ha ingoiato il rospo. Si rende conto di ciò che questo fatto significa, nel quadro generale della guerra e all'interno. Ma, da buon giocatore, incassa il colpo e finge di non darsene per inteso[31].

Il rapporto di comando che si sviluppò dopo l'arrivo di Kesselring a Roma era piuttosto imbarazzante e non in linea con le intenzioni di Hitler.
Hitler avrebbe voluto che Kesselring avesse il comando non solo delle forze tedesche nella zona, ma anche delle forze italiane. Questo rimase semplice desiderio. Al suo arrivo a Roma, Kesselring scoprì che gli italiani erano estremamente sospettosi di una situazione in cui un tedesco potesse comandare tutte le forze nel loro teatro. Per motivi di cooperazione, Kesselring era d'accordo con Mussolini e con il Capo di Stato Maggiore delle Forze Armate italiane, conte Ugo Cavallero, che il Comando Supremo italiano avrebbe continuato a comandare tutte le forze dell'Asse nel teatro, ma che nessun ordine operativo sarebbe stato rilasciato senza l'approvazione di Kesselring[32]. Questo accordo rese piuttosto complesso il rapporto tra Kesselring e Rommel. Rommel comandava l'*Afrika Korps*, assegnato dall' *Oberkommando der Wehrmacht* (OKW - l'Alto Comando delle forze armate tedesche direttamente sotto il controllo di Hitler) al Comando Supremo[33].
Come scrive Bidwell, a Kesselring

> Gli italiani gli piacevano, e capiva la loro suscettibilità intuendo che fosse dovuta all'orgoglio ferito per le loro ingloriose sconfitte. Provò molta ammirazione per il loro alto comando e per le truppe, mentre fu critico nei confronti degli ufficiali di reggimento. Si accattivò le simpatie dei colleghi italiani grazie al tatto, non facendo mai pesare il proprio grado e la propria posizione.
> Cavallero, pur prevenuto, fu così conquistato che acconsentì a sottoporgli tutti i suoi ordini operativi prima di emanarli. La buona volontà e la collaborazione dello stato

---
[30] Bitner, op. cit., p. 16.
[31] G. Ciano, *Diario 1937-1943*, Milano 1990, alla data del 5 novembre 1941.
[32] Ibid.
[33] Ibid, p. 15.

maggiore italiano erano della massima importanza per il miglioramento della rete di rifornimenti destinati alle forze dell'Asse impegnate in Africa, che si trovava in uno stato caotico e richiese il massimo impegno da parte di Kesselring. Era già insoddisfacente anche senza i rischi delle rotte marittime che collegavano i porti italiani all'Africa e delle comunicazioni via terra che si contraevano e si espandevano mentre Rommel indietreggiava o avanzava veloce nel deserto[34].

Con i suoi alleati, da Mussolini in giù, Kesselring avrebbe potuto stabilire un rapporto ancora più proficuo, ma l'ostacolo insormontabile al corretto esercizio della sua autorità fu l'atteggiamento di Rommel, e del suo referente assoluto, Hitler il quale, pur credendosi un genio militare, rifuggiva invece dal prendere decisioni critiche impegnandosi peraltro fin troppo spesso in faccende di poco conto. Hitler usava regolarmente il trucco politico di mettere un comandante contro l'altro, metodo che Kesselring aveva definito *a doppio binario*.

Con suo grande fastidio, Kesselring scoprì che Rommel non soltanto era l'attuale beniamino di Hitler, ma aveva il privilegio di usufruire di un canale di comunicazione privato e diretto con l'OKW ed era pronto a usarlo per eluderne l'autorità[35].

Rommel passò sotto il comando nominale del Governatore Generale Maresciallo Ettore Bastico in Tripolitania, che a sua volta rispondeva al Comando Supremo, che Hitler credeva dipendere dall'*Oberbefehlshaber Süd*, cosa che ovviamente non era.

Questa situazione non era certa resa più facile dalla tensione continua tra Bastico e Rommel. La principale responsabilità di Kesselring era quella di rifornire le truppe di Rommel, e doveva avere le risorse aeree e marittime per farlo[36]..

Avendo le responsabilità di un comandante in capo, ma non l'autorità, Kesselring fu costretto a barcamenarsi tra le pressioni degli italiani da una parte e tra le manovre dei comandanti tedeschi cercando di mediare le diverse posizioni.

Sarebbe stato un compito difficile anche nelle migliori condizioni e le condizioni del teatro mediterraneo nel 1941 e all'inizio del 1942 erano tutt'altro che ideali.

All'inizio del 1941 i rovesci italiani in Grecia e in Libia avevano spinto i tedeschi ad inviare propri reparti in Mediterraneo per operare su tutti e tre i fronti: aereo, terrestre e marino, attuatosi con l'arrivo del *Deutsche Afrika Korps* e del *X. Fliegerkorps*. Quest'ultimo avrebbe contrastato efficacemente la supremazia acquisita dalla *Royal Navy* con i successi ottenuti a Taranto nel novembre 1940 e con la battaglia notturna di Capo Matapan nel marzo 1941.

Dopo la controffensiva (marzo-aprile) italo-tedesca sino al passo di Halfaya, sul confine libico-egiziano, le operazioni dell'Asse in Mediterraneo avevano conosciuto un periodo di stasi, per il distoglimento verso i Balcani e verso l'URSS degli interessi e delle forze tedesche.

Invece, l'aumento dei traffici italiani e la pericolosità manifestata dall'Afrika Korps avevano spinto i britannici a rinforzare la componente aero-navale di Malta per contrastare più efficacemente i rifornimenti alla Libia. Malgrado ciò le perdite italiane di naviglio mercantile non avevano raggiunto punte rilevanti, anche se si registravano gravi insuccessi, come la distruzione nel Canale di Sicilia, nella notte sul 16 aprile, del convoglio "*Tarigo*", composto da cinque trasporti e da tre cacciatorpediniere di scorta. I danni limitati erano anche dovuti alle gravi perdite accusate a fine maggio dalla *Mediterranean*

---

[34]Bidwell, cit., p. 330.
[35]Ibid.
[36]Ibid.

Fleet, durante le drammatiche giornate dell'evacuazione di Creta. Sarebbero rimaste indenni solo due corazzate e tre incrociatori. Il siluramento della *Formidable*, in particolare, avrebbe privato di portaerei la squadra di Alessandria fino all'armistizio italiano. Anche i *destroyer*, dislocati a Malta da aprile, sarebbero stati duramente falciati nelle acque di Creta e le unità scampate non sarebbero più ritornate sull'isola.

Nel periodo giugno-dicembre 1941 il rafforzamento dei britannici nel Mediterraneo non aveva però avuto rallentamenti. Malta era stata opportunamente rinforzata sia con i convogli, provenienti solo da Gibilterra, di fine luglio (operazione *Substance*) e di settembre (operazione *Halberd*), non contrastati dalla Regia Marina, sia dagli intensificati lanci di aerei da caccia dalle portaerei (4 aviolanci a giugno e 2 a settembre), sia dai sommergibili che nel periodo avrebbero compiuto sedici approdi nei porti dell'isola.

Tutto il Tirreno, fino a settentrione della Corsica, lo Ionio ed il golfo della Sirte e quasi metà dell'Egeo erano nel raggio d'azione dei bombardieri basati a Malta, mentre gli aerosiluranti decollati da quell'isola arrivavano fino a Tripoli, al canale di Sicilia ed al settore meridionale del Tirreno. Gli aerosiluranti britannici erano ormai dotati di apparati radar che consentivano loro di scoprire i convogli e le navi nemiche a qualunque ora della notte o con nebbia fitta. Alcuni *Wellington* inoltre erano stati armati di radar da 30 miglia di portata (fascia esplorata di 60 miglia) ed avevano emettitori speciali che consentivano agli aerosiluranti di dirigersi su di loro appena avessero scoperto qualche obiettivo sulla superficie del mare.

Grazie all'accresciuto livello delle difese dell'isola di Malta, che in autunno poteva contare su un sistema contraerei particolarmente temibile con altri tre radar in aggiunta a quello esistente dall'inizio della guerra, da ottobre l'ammiragliato britannico aveva ricostituito a La Valletta una nuova formazione navale, denominata *Forza K*, composta ancora di unità di superficie, tutte provviste di radar. Tale formazione navale si rendeva disponibile grazie alla cooperazione fornita alla *Royal Navy* nel Nord Atlantico dalla "neutrale" marina statunitense.

In questo scenario, nel secondo semestre del 1941, si era sviluppata la cosiddetta Prima battaglia dei convogli le cui vicende avrebbero quasi interrotto i rifornimenti dell'Asse per la Libia.

Questo periodo era stato caratterizzato da una serie di piccoli scontri aeronavali ed era culminato in un trimestre (settembre-novembre), in cui la marina mercantile italiana aveva registrato la più alta percentuale di perdite di tutta l'intera guerra. Proprio a novembre si scatenava l'offensiva di Auchinleck, dopo due precedenti fallimenti, con la riconquista da parte dei britannici, in soli due mesi, di tutta la Cirenaica con l'operazione *Crusader*.

Le perdite al naviglio mercantile e militare italiano erano state dovute soprattutto ai reparti aeronavali di Malta. Avevano causato, in particolare, sia la perdita delle grandi motonavi passeggeri adibite a trasporto truppe *Esperia* (agosto), *Oceania* e *Neptunia* (settembre), sia la distruzione dei convogli *Duisburg* e *Maritza* (novembre), contribuendo all'affondamento degli incrociatori *Da Barbiano* e *Di Giussano* carichi di fusti di benzina (dicembre). Il caso di questi incrociatori leggeri è rappresentativo di una situazione di grande necessità che aveva indotto la marina italiana a rischiare navi da guerra in compiti impropri, per l'impellenza di far giungere in Libia i necessari rifornimenti.

A queste azioni offensive britanniche aveva fatto riscontro la passività della Regia Marina che aveva continuato a manifestare un atteggiamento rinunciatario anche nelle situazioni più favorevoli e una deficienza di perspicacia e di intuizione nella condotta delle azioni navali.

Appunto per ovviare a tali problemi Hitler aveva ritenuto opportuno nominare Kesselring

Oberbefehlshaber Süd.

Da gennaio e fino a maggio, era stato schierato in Sicilia il X *Fliegerkorps* (X Corpo Aereo Tedesco), mentre da novembre insieme a Kesselring era giunto sempre in Sicilia il II *Fliegerkorps* (II C.A.T.) che, pur con organici variabili, sarebbe rimasto fino al termine della guerra. Il contributo aereo tedesco si sarebbe concretizzato nell'attacco alle forze navali britanniche, alle basi navali di Alessandria e di Malta, al traffico marittimo e al canale di Suez mediante la posa di mine.

Sul fronte terrestre l'*Afrika Korps* era stato schierato in Libia da febbraio mentre dalla fine di settembre anche una componente navale tedesca, soprattutto sottomarina, era stata dislocata in Mediterraneo. Fino all'armistizio italiano avrebbero raggiunto il teatro mediterraneo 49 U-boote: 4 in settembre, 2 in ottobre, 9 in novembre e 11 in dicembre. In seguito, tra il gennaio del 1942 e l'agosto 1943, sarebbero entrati in Mediterraneo altri 23 U-boote.

Complessivamente fino all'8 settembre 1943 sarebbero andati perduti 38 U-boote tra quelli operativi nel Mediterraneo.

Diversi altri battelli avevano fallito il superamento dello stretto di Gibilterra: alcuni perché affondati nel tentativo, altri perché danneggiati e costretti quindi a tornare indietro.

Modesto era stato invece il contributo delle unità di superficie. Prima dell'armistizio italiano, le unità da guerra di superficie che in Mediterraneo avevano battuto la bandiera navale tedesca si erano limitate a un caccia ex greco (*Vassilefs Georgios*, denominato dai tedeschi *Hermes*), tre ex torpediniere francesi (*Bombarde*, *La Pomone* e *L'Iphigenie*) cedute nell'aprile del 1943 dalla Regia Marina, qualche cacciasommergibili (in genere ex pescherecci trasformati), poche navi ausiliarie, alcune squadriglie di motosiluranti (*Schnellboote*) e di motodragamine (*Raumboote*), un buon numero di motozattere da sbarco (*Marinefahrprahme*) e di pontoni semoventi (*Farhen-Ferries*, tra i quali i *Siebel-Farhen*) e infine, alcuni trasporti militari armati del tipo *Kriegstransport*, meglio conosciuti come *KT*, montati in cantieri italiani.

Aerei e sommergibili tedeschi avevano ottenuto cospicui risultati ai danni del nemico. In particolare i risultati conseguiti dai sommergibili tedeschi in Mediterraneo erano stati superiori a quelli ottenuti nello stesso teatro bellico dai battelli italiani e pur operando in un arco temporale più breve (dal 09/1941) e in numero minore, avevano affondato oltretutto le maggiori unità da guerra nemiche, la corazzata *Barham* e le portaerei *Eagle* e *Ark Royal*.

La metà circa di tutte le navi militari e mercantili alleate complessivamente affondate in Mediterraneo dall'Asse sarebbe stato ottenuto ad opera dei bombardieri della Luftwaffe. L'aeronautica tedesca non credeva nell'uso del siluro contro le navi da guerra, ma solo contro le navi mercantili. Per tutto il 1941 l'aviazione tedesca aveva operato nel Mediterraneo con una sola squadriglia di aerosiluranti e per il resto della guerra con un numero di aerosiluranti molto inferiore rispetto a quello dei bombardieri.

Dal principio della guerra fino a tutto marzo 1941 le perdite di navi mercantili italiane nel Mediterraneo centrale erano state talmente esigue da non incidere praticamente affatto sul volume dei traffici di rifornimento verso la Libia.

In circa dieci mesi di guerra era stato trasportato in Libia tutto ciò che era stato voluto, compresa l'intero *Afrika Korps*. Il limite ai quantitativi di uomini e materiali trasportati era stato dovuto non al contrasto nemico, limitato e ben contenuto, ma alle difficoltà talvolta incontrate nell'accentramento nei porti di partenza degli uomini e dei materiali, alla insufficiente ricettività dei porti libici e al fatto che fino ai primi mesi del 1941 l'attività bellica in Libia non aveva ancora avuto gli sviluppi operativi che avrebbe avuto in seguito.

In effetti il suo arrivo coincise con un mutamento strategico favorevole all'Asse nel Mediterraneo orientale: la *Mediterranean Fleet*, che già non disponeva più di portaerei, era ora rimasta priva anche di corazzate, per le perdite accusate negli ultimi mesi del 1941 e, tenuto conto delle esigenze sugli altri mari, non aveva potuto ricevere i rinforzi necessari, riducendosi così alla più completa impotenza. Era accaduto, infatti, che la *Forza K* incappasse su uno sbarramento di mine, a margine delle operazioni che avevano portato alla cosiddetto Prima battaglia del golfo della Sirte il 17 dicembre. Inoltre, l'attacco subito in porto, 19 dicembre 1941 ad Alessandria, ad opera di tre mezzi d'assalto italiani (siluri a lenta corsa o S.L.C., chiamati *maiali*), aveva privato la *Mediterranean Fleet* di entrambe le corazzate la *Queen Elizabeth* e la *Valiant* allora disponibili, dopo che la *Barham* era stata affondata il mese precedente da un sommergibile tedesco in mare aperto.

Pertanto, la Regia Marina, inizialmente in maniera inconsapevole, aveva conseguito il controllo virtuale del Mediterraneo centro-orientale con ovvie e proficue ripercussioni sui trasporti marittimi e sulle operazioni in Africa Settentrionale: Rommel con due successive offensive (gennaio-febbraio e maggio-luglio) sarebbe arrivato alle porte di Alessandria minacciando il Medio Oriente, cuore dell'Impero britannico, e ponendo in serio pericolo di imbottigliamento l'ormai annichilita *Mediterranean Fleet*.

La reazione dei britannici non poteva perciò farsi attendere. Tra le due grandi operazioni navali per il rifornimento di Malta, di giugno (*Harpoon*) e di agosto (*Pedestal*), i britannici erano passati all'offensiva contro le linee marittime di comunicazione dell'Asse con la Libia.

L'allungamento delle vie di rifornimento, marittime e terrestri, esponeva più facilmente i convogli dell'Asse alle offese avversarie, che non potevano più essere condotte con le navi di superficie, ed erano sostenute dai sommergibili e soprattutto dall'aviazione.

I sommergibili britannici erano però costretti ad operare dalla lontana Haifa e solo da fine luglio anche da Malta. Così mentre aerei, commandos e gruppi autocarrati offendevano la lunga strada delle retrovie libiche, agli inizi dell'estate si accendeva in Mediterraneo la "seconda battaglia dei convogli" (luglio-novembre 1942). La schiacciante superiorità aerea degli Alleati ostacolava efficacemente il traffico marittimo dell'Asse con la Libia. L'autonomia di ben 2.750 k dei grandi bombardieri statunitensi Liberator era più che esuberante per il Mediterraneo e gli aerosiluranti *Bristol-Beaufort*, da poco giunti a Malta, avevano un raggio d'azione di quasi 400 miglia.

La reazione dei britannici non poteva perciò farsi attendere. Tra le due grandi operazioni navali per il rifornimento di Malta, di giugno (*Harpoon*) e di agosto (*Pedestal*), i britannici erano passati all'offensiva contro le linee marittime di comunicazione dell'Asse con la Libia.

L'allungamento delle vie di rifornimento, marittime e terrestri, esponeva più facilmente i convogli dell'Asse alle offese avversarie, che non potevano più essere condotte con le navi di superficie, ed erano sostenute dai sommergibili e soprattutto dall'aviazione.

I sommergibili britannici erano però costretti ad operare dalla lontana Haifa e solo da fine luglio anche da Malta. Così mentre aerei, commandos e gruppi autocarrati offendevano la lunga strada delle retrovie libiche, agli inizi dell'estate si accendeva in Mediterraneo la Seconda battaglia dei convogli che si svolse dal luglio al novembre 1942.

La schiacciante superiorità aerea degli Alleati ostacolava efficacemente il traffico marittimo dell'Asse con la Libia. L'autonomia (2.750 km) dei grandi bombardieri statunitensi *Liberator* era più che esuberante per il Mediterraneo e gli aerosiluranti *Bristol-Beaufort*, da poco giunti a Malta, avevano un raggio d'azione di quasi 400 miglia.

Lo Stato Maggiore italiano guardava all'invasione di Malta come all'unica possibilità di rendere incontrastato il flusso dei rifornimenti per l'Africa Settentrionale.

Nell'ottobre 1941 si cominciò pertanto a parlare della *Esigenza C 3 - Occupazione di Malta*. L'isola si era dimostrata una spina nel fianco dell'Asse fin dall'inizio della campagna nordafricana, e già nel gennaio 1941 il problema era stato affrontato dall'OKW in vista dell'invio del *Deutsche Afrika Korps* in aiuto all'alleato.

Dopo l'esperienza di Creta, conquistata nella primavera del 1941 con un aviosbarco dai tedeschi, Kesselring sosteneva la necessità di effettuare un simile colpo di mano anche su Malta; ma i vertici dell'OKW erano contrari, tenendo conto della elevata percentuale di perdite registrata nella precedente operazione. Era stata costituita in Italia una *Forza Navale Speciale*, creata nell'ottobre 1940 per un previsto sbarco in Corsica, e ad essa venne affidata la preparazione dell'operazione, mentre si impostarono nei cantieri i mezzi da sbarco indispensabili.

Contemporaneamente si cercava di completare il quadro delle difese dell'isola per conoscerne l'esatta entità; non essendo dislocato nell'isola alcun informatore, ci si dovette sempre basare sui soli risultati della ricognizione aerea che, anche per la presenza di vari apprestamenti in caverna, risultarono solo in parte esaurienti.

In attesa che si pervenisse alla stesura definitiva dei piani, si continuò a bombardare dall'aria il più possibile le difese dell'isola e, per ottenere maggiori risultati, si trasferì in Sicilia un nuovo Corpo Aereo tedesco, il X *Fliegerkorps*, che, dal 20 marzo 1942, iniziò ad operare sul cielo dell'isola.

Gli inglesi, riconoscendo la posizione strategica di Malta, continuarono a rafforzare le sue difese e divennero molto attivi nell'attaccare i convogli dall'Italia alla Libia. Al X *Fliegerkorps* venne assegnata la missione di neutralizzare Malta dall'aria insieme agli stormi italiani di stanza in Sicilia.

Nonostante gli sforzi della Regia Aeronautica e della *Luftwaffe*, gli inglesi continuarono ad attaccare i convogli di rifornimento dell'Asse nel corso di tutto il 1941.

Durante il *briefing* iniziale avuto con Hitler prima del suo incarico a Roma, a Kesselring venne ordinato di neutralizzare Malta dall'aria con la *Luftflotte* II.

Kesselring rispose che riteneva impossibile riuscire a neutralizzare l'isola senza lo sbarco di forze di terra a Malta. Hitler e Göring, che apparentemente non avevano imparato nulla sulla riduzione tattica dei punti di forza di Dunkerque e sugli sforzi compiuti inutilmente dall'aviazione italiana nel 1940 e nel 1941 contro Malta, respinsero l'opinione di Kesselring e gli ordinarono di eseguire gli ordini.

Kesselring iniziò le operazioni contro Malta il 31 dicembre 1941, operazioni che raggiunsero l'apice nell'aprile del 1942. Vide chiaramente la necessità di occupare l'isola, e tentò continuamente di persuadere Hitler e Mussolini a impegnare forze di terra per invaderla, appoggiato in questo da Cavallero, che preparò il piano C3 per lo sbarco a Malta ed a Gozo.

Annotò Ciano:

> 22 APRILE – Il Duce mi informa che il Maresciallo Kesselring, di ritorno dalla Germania, ha portato l'assenso di Hitler per l'operazione di sbarco a Malta. Pare che l'isola sia veramente massacrata dai bombardamenti aerei. Ciò non toglie però che le difese costiere siano ancora intatte. L'impresa quindi, a giudizio di alcuni tecnici navali, è ancora perigliosa e comunque costerà molte perdite[37].

---

[37]Ciano, op. cit., alla data indicata.

Intanto, fervevano i preparativi: sulla piana di Catania apparvero le strisce per il decollo degli alianti, ora che i tedeschi, conquistati dall'impresa (da essi denominata *Herkules*), si erano decisi ad impiegarvi i ricostituiti reparti di paracadutisti; sulle coste della Toscana i reparti della F.N.S. si addestravano al difficile sbarco su un litorale alto e roccioso, simile a quello maltese (per questo fu necessario prevedere scale da pompieri e passerelle lunghe fino a 30 metri, abbattibili dalla prora dei mezzi come ponti levatoi); in vari cantieri navali si costruivano motozattere e motolance speciali; nel Lazio, a Tarquinia, continuava l'addestramento la divisione paracadutisti *Folgore*.

A fine maggio 1942 il piano definitivo dell'operazione C.3/ *Herkules* poteva dirsi ultimato; in realtà si trattava tre piani complementari, studiati dall'Esercito, dalla Marina e dall'Aeronautica, ognuno per la parte di propria competenza.

Il Corpo di spedizione sarebbe stato forte di 62.000 uomini, 1.600 veicoli e 700 bocche da fuoco,

Le truppe, a parte quelle aviotrasportate aventi a disposizione centinaia di alianti tedeschi, sarebbero state trasportate da 16 piroscafi, 270 mezzi da sbarco vari, una cinquantina di altri natanti, tutti scortati da una trentina di siluranti. L'appoggio diretto sarebbe stato fornito da due navi da battaglia, mentre la squadra italiana scaglionata nei porti di Napoli, Cagliari, Messina, Reggio Calabria ed Augusta, avrebbe fornito la protezione strategica; il tutto per un consumo previsto di nafta di almeno 40.000 tonnellate, che dovevano essere fornite dalla Germania in quanto in Italia non vi era una simile quantità disponibile. Per la parte aerea, si prevedeva l'impiego di 900 velivoli così suddivisi: 300 bombardieri e 180 caccia dislocati in Sicilia, Calabria e Puglia; 60 aerosiluranti concentrati a Pantelleria; 60 assaltatori e 300 trasporti, su vari campi d'aviazione.

La strategia di Kesselring era di ammorbidire le difese dell'isola usando la Regia Aeronautica e la *Luftflotte* II, quindi di invadere Malta.

L'efficacia della *Luftwaffe* nel bombardare l'isola e la valutazione ottimistica di Kesselring, tuttavia, servirono solo a invalidare il suo piano agli occhi di OKW. Dal 20 marzo al 29 aprile 1942, furono effettuati attacchi concentrati sull'isola, distruggendo strutture portuali e riducendo i combattenti britannici sull'isola a pochi. Kesselring annunciò l'11 aprile che l'attacco della Luftwaffe e dell'aviazione italiana si era dimostrato efficace, ritenendo di poter poi persuadere i suoi superiori vacillanti, i colleghi della *Kriegsmarine* e gli alleati italiani che un'invasione sarebbe stata ora piuttosto facile. Invece l'OKW colse l'opportunità di considerare che dal momento che la *Luftwaffe* era così efficace, un'invasione non era più necessaria. Hitler, inoltre, era molto sospettoso del tipo di operazioni aeree necessarie per prendere Malta dopo le gravi perdite subite a Creta nel 1941. In una conferenza a *Obersalzberg* il 29 aprile 1942, fu presa la decisione di dedicare le risorse disponibili per assicurare la riconquista di Tobruk, che Rommel ora aveva isolato, e quindi di invadere e prendere. Malta. Kesselring perorò la priorità dello sbarco a Malta, ma dovette accontentarsi di un compromesso[38].

Ciano era scettico sulla riuscita dell'attacco all'isola:

> 13 MAGGIO – Il Colonnello Casero non condivide i facili entusiasmi di Cavallero per l'attacco a Malta. La difesa contraerea è ancora molto efficiente, e quella navale è del tutto intatta. L'isola, nell'interno, è un solo nido di mitragliatrici. L'atterraggio dei paracadutisti sarebbe molto difficile, la più gran parte degli aerei essendo destinata ad essere abbattuta ancora prima di avere deposto il suo carico umano. Altrettanto dicasi degli sbar-

---

[38] Bitner, p.24

chi da mare. D'altro canto bisogna tener presente che sono bastati pochi giorni di minore insistenza da parte nostra nel bombardamento aereo, per vedere irrigidita la difesa. In questi ultimi attacchi, tanto noi quanto i tedeschi abbiamo lasciato molte penne. Anche Fougier considera l'eventualità dell'operazione con molta ansietà e il generale tedesco Lörzer non ha nascosto la sua aperta dissidenza. I fautori dell'impresa sono Kesselring e Cavallero, quest'ultimo facendo i consueti giochi di bussolotti per scaricare su altre spalle le responsabilità[39].

Quando Tobruk cadde il 21 giugno 1942, Rommel spinse Hitler, senza dirlo a Kesselring, per il permesso di attaccare immediatamente ad est, verso Alessandria, il Cairo ed il Canale di Suez.
Hitler, aveva già detto al comandante designato della forza di invasione aerea, il generale Kurt Student, che riteneva impossibile la conquista ed il mantenimento dell'isola:

> Sa che cosa accadrà? Gli inglesi usciranno con le loro navi da Gibilterra e da Alessandria, e allora gli italiani torneranno in porto e lei resterà piantato in asso sull'isola con i suoi paracadutisti! Le proibisco di tornare in Italia[40]!

Hitler usò il pretesto della presa di Tobruk per cancellare l'intero piano. Kesselring non demorse. Il 26 giugno, in un incontro con Rommel, Cavallero e Bastico, sostenne con forza le proprie idee, cercando di spingere Rommel a cambiare idea.
Rommel rifiutò, segnando il proprio destino mentre gli inglesi iniziarono a rifornire e fortificare rapidamente Malta.
Hitler scrisse a Mussolini.

> Duce!
> Il destino ci ha offerto una possibilità che in nessun caso si presenterà una seconda volta sullo stesso teatro di guerra. La dea della fortuna nelle battaglie passa accanto ai condottieri soltanto una volta. Chi non l'afferra in un momento simile, non potrà molto spesso raggiungerla mai più.

Malta non sarebbe più stata nell'agenda degli Stati Maggiori dell'Asse.
Kesselring trovò presto difficile, quindi quasi impossibile, sostenere le forze talo- tedesche di Rommel in Nord Africa nei mesi successivi.
Kesselring affermò in proposito:

> Non credo che possa andare oltre El Alamein. Di questo giudizio mi sento responsabile davanti alla storia[41].

Il Feldmaresciallo sapeva che gli aerei efficienti che, in quel momento, si riducevano a 50-60 caccia tedeschi e altrettanti italiani, mentre i servizi logistici stavano incontrando difficoltà a spostarsi in avanti. Il nove settembre Ciano scrive:

> Adesso in Libia litigano, e Kesselring è corso a Berlino per accusare Rommel. Si parla anche di un suo possibile richiamo[42].

---
[39]Ciano, op.cit., alla data indicata.
[40]Cit. in C. De Risio, "El Alamein. Storia di una battaglia. Così Rommel si oppose all'invasione di Malta", *Il Secolo d'Italia*, 27/06/ 2002.
[41]Ibid.
[42]Ciano, op. cit., alla data del 9/9/1942.

Nel novembre 1942 Kesselring venne nominato comandante in capo delle forze tedesche nel Mediterraneo, eccettuata la Libia, sotto il controllo di Rommel. Il ruolo di Kesselring passò da quello di rifornire Rommel a quello di un vero comandante in capo con l'autorità appropriata. Così, Kesselring divenne l'unico comandante tedesco che avesse il controllo di tutti e tre i servizi nell'ambito del proprio comando.
Nella riorganizzazione, la *Luftflotte* II ottenne un proprio comando separato e Kesselring fu autorizzato a formare un proprio Stato Maggiore. La ragione principale di questo cambiamento di attenzione da parte di Hitler era la preoccupazione per uno sbarco alleato nel Mediterraneo. Lo sbarco, denominato operazione *Torch*, avvenne l'8 novembre 1942 quando le forze americane e britanniche sbarcarono ad Algeri, a Orano ea Casablanca.
Mentre l'Asse ora doveva fronteggiare una guerra su due fronti in Africa, nel gennaio 1943 il comando di Kesselring fu ampliato per includere tutte le forze nei territori occupati. Ciò non risolse i problemi in Nord Africa, da anni trascurati dall' OKW: gli alleati erano troppo forti, e malgrado una strenua resistenza italo- tedesca il nemico non poté essere arrestato, portando all'immancabile caduta della Tunisia il 13 maggio 1943.

Nel secondo semestre del 1942 gli affondamenti in Mediterraneo, in porto e in navigazione, delle navi mercantili dell'Asse si erano triplicati rispetto al semestre precedente. Il 90% circa dei successi era da ascrivere, in pari percentuale, a sommergibili ed aerei. Le petroliere avevano costituito la preda preferita, incidendo sensibilmente sugli approvvigionamenti di combustibili liquidi per l'Africa Settentrionale. Tra luglio e novembre era giunto a destinazione circa il 65% dei già esigui combustibili partiti, rispetto al 97% circa del semestre precedente. L'insufficienza dei rifornimenti era, infatti, solo in parte da imputarsi agli affondamenti, su di essa incideva anche la scarsità delle risorse disponibili (vettori e materiali) per l'invio in Libia e la limitata ricettività dei porti di sbarco.
Dall'11 novembre 1942 iniziava una nuova battaglia dei convogli, combattuta per il rifornimento della Tunisia, che era stata occupata dall'Asse in seguito agli sbarchi degli Alleati in Marocco ed Algeria dell'8 novembre. Nei primi mesi la Terza battaglia dei convogli dal novembre 1942 al maggio 1943, si sarebbe svolta contemporaneamente a quella sempre più circoscritta per il rifornimento della Libia. Settantatré giorni di sovrapposizione: dal 12 novembre, con l'arrivo a Biserta del primo convoglio, fino alla caduta di Tripoli, il 23 gennaio 1943. In seguito allo sfondamento dell'VIII Armata britannica a el Alamein, il 4 novembre, il fronte africano sarebbe indietreggiato, in tre mesi, di 2.500 chilometri verso occidente. Dalla fine di novembre solo il porto libico di Tripoli sarebbe rimasto nelle mani dell'Asse.
Le differenze tra la terza e la seconda battaglia dei convogli non risiedevano però solamente nei porti di destinazione dei rifornimenti (Tunisi e Biserta anziché Tripoli), ma soprattutto nello scenario in cui si combattevano.
La schiacciante superiorità aerea conseguita in concomitanza con l'avanzata in Africa del Nord aveva condotto inevitabilmente gli Alleati alla totale supremazia aeronavale, di cui naturalmente risentivano i traffici marittimi italiani, costretti ad alimentare un esercito ormai in disperata lotta di contenimento. In questo contesto Malta aveva assunto un ruolo determinante.
Malta il 20 novembre del 1942 era stata nuovamente raggiunta via mare da un convoglio di quattro mercantili partiti da Alessandria (operazione *Stoneage*). L'ultimo convoglio, per altro falcidiato, era approdato sull'isola ad agosto. Da allora i pochi rifornimenti arri-

vati a Malta erano stati dovuti esclusivamente ad azioni isolate di sommergibili ed aerei. Invece, dal mese di novembre Malta aveva incrementato di molto la propria efficienza potendo finalmente contare sulla continuità dei rifornimenti. L'avanzamento del fronte africano verso ovest aveva aperto infatti definitivamente le comunicazioni da Oriente.
L'isola era diventata la base di partenza per bombardieri ed aerosiluranti sempre più numerosi, cui si erano aggiunti quelli provenienti dalle basi egiziane e poi quelli dalle appena conquistate basi cirenaiche ed algerine. Nell'isola dal 27 novembre era stata nuovamente ricostituita la *Forza* K (incrociatori leggeri *Cleopatra*, *Dido* e *Euryalus* e quattro *destroyer*) e successivamente vi erano stati dislocati sommergibili e motosiluranti britannici ed americani. Nello stesso periodo, alcuni sommergibili avevano operato anche da basi algerine e nella base di Bona era stata creata una nuova formazione navale, denominata *Forza Q* (incrociatori leggeri *Aurora, Sirius* e *Argonaut* e due *destroyer*).
Invece, la Regia Marina combatteva la "terza battaglia dei convogli" esclusivamente con le unità minori di ogni tipo. Le navi maggiori, al comando delle quali dal 5 aprile sarebbe subentrato l'ammiraglio Carlo Bergamini al posto di Iachino, erano del tutto assenti perché la mancanza di nafta, l'allontanamento dalle basi meridionali e le caratteristiche del nuovo teatro bellico, ne avevano impedito quell'impiego a protezione del traffico che tanto spesso era stato effettuato in Mediterraneo centrale.
Perduta definitivamente la Libia (23 gennaio 1943), le ultime speranze di resistenza in Africa erano state concentrate in Tunisia. Le rotte marittime tra l'Italia e l'Africa erano ora ridotte (150 chilometri dalla Sicilia a Capo Bon per circa 10 ore di navigazione) e godevano di una maggiore distanza da Malta. Su questo "braccio di mare", che separava i reparti del Regio Esercito in terra africana dalla madrepatria si sarebbero consumate, fino alla resa in Africa Settentrionale delle truppe del Maresciallo Messe il 13 maggio 1943, le ultime ed esigue risorse della marina mercantile italiana e delle sempre più assottigliate e logore navi di scorta; per tale ragione sarebbe stato chiamato "rotta della morte".
I convogli per la Tunisia, in partenza da porti obbligati (Napoli o Livorno), dovevano percorrere rotte obbligate fra i campi minati, per alcuni tratti attraverso varchi molto stretti. Ciò aumentava fortemente, malgrado la navigazione avvenisse di notte, le possibilità dell'offesa avversaria che si sviluppava con mezzi ingenti e molteplici. A nord del Canale di Sicilia, operavano gli aerosiluranti, a ovest della Sicilia, gli incrociatori dotati di radar e, presso Capo Bon e a nord di Biserta, le motosiluranti. I sommergibili agivano, invece, presso i porti di partenza e sulle rotte d'altura. Ovunque incombevano le grandi formazioni di bombardieri. Nessuna nave poteva sfuggire all'una o all'altra offesa. L'insidia aerea si sarebbe dimostrata la più efficace. Il 67% delle perdite (affondamenti o danneggiamenti) di navi da guerra o di mercantili sarebbe stato causato da attacchi aerei, ai quali è anche da ascrivere la causa della maggior perdita di mercantili nei porti piuttosto che in navigazione.
Le difficoltà manifestate dalla Regia Marina nella protezione del traffico tunisino avevano acuito le incomprensioni con la marina tedesca. In primavera i tedeschi avevano finalmente ragione delle resistenze dell'alleato mediterraneo in materia di autonomia operativa. Per la specifica esperienza maturata nel Baltico, il viceammiraglio Ruge col suo Stato Maggiore veniva aggregato a Supermarina con responsabilità operative nell'organizzazione del traffico con la Tunisia. Ufficiali e marinai tedeschi sarebbero stati imbarcati su tutte le unità impiegate nel traffico tunisino e altri sarebbero stati assegnati ai comandi Marina di Napoli, Messina, Palermo, Trapani e Tunisi. Ufficiali tedeschi avrebbero assunto, alternativamente a quelli italiani, l'incarico di capo convoglio.

Infine, tutte le navi reperibili e idonee per essere assegnate a compiti di scorta sarebbero state requisite, trasformate e prese in consegna dal personale tedesco.

Per inquadrare il ruolo di Kesselring nella guerra nel teatro mediterraneo, va ricordato che, da una presenza germanica poco più che simbolica, la partecipazione tedesca sotto il comando di Kesselring si andò via via rafforzando, con ottimi risultati: dal 10 giugno 1940 all'8 settembre 1943, la marina da guerra inglese perdette nel Mediterraneo 266 unità per 472.866 tonnellate di dislocamento: 63 unità (130.198 tonnellate) furono affondate dalle forze aeronavali italiane; 203 unità (342.668 tonnellate) da quelle tedesche.
Nello stesso periodo, andarono perduti 359 mercantili britannici e/o alleati, per 1.402.442 tonnellate di stazza lorda; gli italiani ne affondarono 65 (284.281 tonnellate), i tedeschi 294 (1.118.161 tonnellate)[43].

Dopo la perdita del Nord Africa, nel maggio del 1943, era quasi sicuro che presto o tardi gli Alleati avrebbero aperto, come chiedeva Stalin, un secondo fronte in Europa. Non si sapeva però il luogo: Sicilia, Sardegna, Grecia, o altro? Il peso del conflitto fino a quel momento in gran parte gravava sulla Russia, che si lamentava. Durante la Conferenza di Casablanca, Marocco, gli Alleati dopo lunghe discussioni, decisero che l'assalto alla Fortezza Europa sarebbe iniziato con lo sbarco in Sicilia, la cui conquista avrebbe provocato il crollo del Fascismo e l'uscita dalla guerra dell'Italia.

La Conferenza di Casablanca si tenne dal 14 al 24 gennaio 1943, per pianificare la strategia europea degli Alleati per il resto della guerra. Furono presenti il presidente Americano Franklin D. Roosevelt, il premier britannico Winston Churchill e il generale Charles de Gaulle, capo della Francia Libera.

Durante la Conferenza, svoltasi all'Hotel Anfa, fu deciso che, dopo la fine delle operazioni militari in Africa Settentrionale, si sarebbe attaccata l'Italia, considerata un obiettivo facile (Churchill la definì "il ventre molle dell'Asse" – the soft underbelly of the Axis), sia per la vicinanza alle basi aeronavali alleate in Tunisia, sia per il suo stato di crisi politico-militare interna. Inoltre, si stabilì un piano congiunto anglo-americano di bombardamento sistematico della Germania, oltre che dell'Italia, per distruggere il potenziale bellico dell'industria tedesca e abbattere il morale della popolazione in vista di un futuro sbarco oltre il Vallo Atlantico, rinviato, nonostante i piani studiati nell'estate 1942 (operazione *Round-Up*), al 1944. I due leader anglosassoni si accordarono anche sul principio della resa incondizionata da imporre alle Potenze nemiche: la guerra sarebbe continuata fino alla vittoria finale, senza trattative con la Germania, con l'Italia o con i loro alleati. Era già, infatti, chiaro ai comandi alleati che la resistenza nemica in Africa sarebbe presto finita, presa ormai nella morsa da ovest e da est rispettivamente dagli americani e dai britannici.

Stalin premeva affinché fosse aperto dagli Alleati il secondo fronte in Nord Europa, per diminuire la resistenza tedesca su quello orientale. Stalin chiedeva che l'impegno angloamericano si tramutasse in uno sbarco nel nord della Francia. Avrebbe evitato eventuali diversioni degli Alleati nella sua sfera d'influenza. Churchill era consapevole delle mire espansionistiche sovietiche ma al momento, era disposto al momento a dimostrarsi compiacente. Tuttavia non voleva piegarsi interamente ai voleri sovietici tanto che la sua linea strategica militare andava a scontrarsi con quella russa. Per Churchill la priorità era di colpire duro l'Italia.

---

[43] Cifre tratte da A. Santoni, F. Mattesini, *La partecipazione tedesca alla guerra aeronavale nel Mediterraneo (1940- 1943)*, Roma 1980.

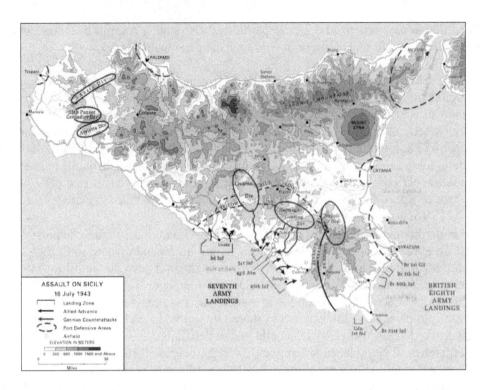

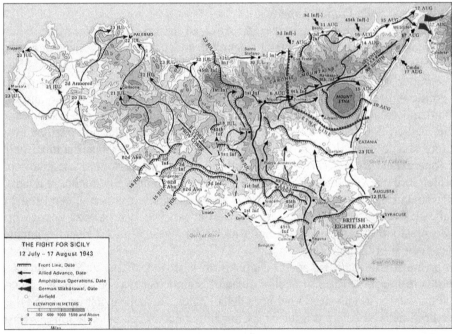

Lo sbarco e le operazioni militari in Sicilia.

4.
LO SBARCO IN SICILIA

Per Londra l'Italia dal punto di vista militare, economico e politico era in pessime condizioni. Gli italiani, pensava, sottoposti a continui bombardamenti, con i viveri razionati, erano stanchi della guerra e avevano perso fiducia nel Duce e nel Fascismo. L'esercito, valoroso ma mal equipaggiato e mal guidato aveva subito dure sconfitte in Africa e premeva affinché si uscisse subito dalla guerra. Tutto questo rendeva possibile un crollo del regime e l'uscita dell'Italia dal conflitto, la quale però poteva anche essere raggiunta tramite uno sbarco nella Penisola.

Il Capo di Stato Maggiore britannico statunitense Marshall, spingeva per sbarcare nella Francia settentrionale, sconfiggere la Germania e poi il Giappone; ma la sua tesi non convinse Roosevelt, il quale soprattutto per ragioni logistiche considerava lo sbarco in Francia un azzardo: poteva tramutarsi in un disastro come a Dieppe nel 1942. Prima era necessario eliminare la presenza dell'Asse nel Mediterraneo, che minacciava le rotte verso l'Egitto.

Le tesi di sir Alan Brooke, Capo di Stato Maggiore britannico, sull'impossibilità di uno sbarco in Francia, anche per il forte numero dei sommergibili tedeschi e la scarsità di navi trasporto truppe, persuasero gli americani ad attaccare l'Italia, sbarcando in Sicilia.

Churchill accettò la decisione di sbarcare in Sicilia perché se l'Italia si fosse arresa subito, vi sarebbe stata la ragionevole speranza che anche la neutrale Turchia entrasse in guerra contro la Germania, il che avrebbe portato ad avere un piede nei Balcani e frenarvi l'avanzata sovietica. Churchill nella successiva conferenza di Washington, paventava che l'operazione *Husky*, il nome in codice dello sbarco in Sicilia, fosse interpretata in maniera limitativa, tant'è che caldeggiò ripetutamente, con Eisenhower, comandante in capo delle forze armate alleate nel Mediterraneo, il completo sfruttamento delle opportunità che l'occupazione comportava, ricordando l'importanza dei campi d'aviazione di Foggia e del porto di Napoli. Gli americani non capivano però tanta preoccupazione e diffidavano delle insistenze britanniche nell'occupazione della Penisola. Kesselring in qualità di *Oberbefehlshaber Süd* era responsabile della difesa del Mediterraneo, ma il territorio italiano era sotto il controllo del Comando Supremo italiano.

Le forze tedesche impegnate in Italia, quindi, furono mantenute sotto il comando italiano, ma sotto la responsabilità logistica era tedesca. Kesselring riuscì, tuttavia, a mantenere un significativo rapporto di comando "non ufficiale" con le unità germaniche stanziate in Italia[44].

La 6a Armata italiana in Sicilia era comandata dal generale Guzzoni e inquadrava circa 200.000 uomini, con alcune buone divisioni di fanteria, addestrate per lo sbarco a Malta, ma anche con il personale delle divisioni costiere, unità di seconda linea, male organizzato, male addestrato, male schierato e dotato di materiale obsoleto. In Sicilia erano schierate due formazioni tedesche, aggiunte come stecche di balena per rafforzare le truppe italiane, sotto il controllo della 6a Armata: la 15. *Panzergrenadier-Division* e la *Fallschirm-Panzerdivision Herman Göring*, entrambe unità di prima classe. Il concetto base italiano per l'impiego di queste forze, che è stato influenzato in modo significativo da Kesselring, è stato quello di utilizzare le unità costiere scarsamente addestrate e attrezza-

---

[44] Bitner., p. 18.

te sostenute dalla fanteria nelle postazioni costiere fortificate; le migliori divisioni italiane, *Aosta*, *Assietta* e *Livorno*, e le due divisioni tedesche erano schierate come forze di contrattacco all'interno[45].

Kesselring si assicurò che le divisioni tedesche si trovassero lungo la costa meridionale dell'isola, dove pensava che si sarebbe sviluppato lo sforzo principale alleato.

Gli alleati sbarcarono lungo le coste sud e sudorientali della Sicilia all'alba del 10 luglio 1943. I combattimenti furono intensi, mentre le divisioni tedesche e italiane sostenevano il peso dei combattimenti nel tentativo di gettare gli Alleati dalle teste di sbarco a Gela ed a Licata. Le comunicazioni all'interno della 6a Armata si interruppero rapidamente. In numerose occasioni, le comunicazioni dalle formazioni tedesche in Sicilia al quartier generale di Kesselring sulla terraferma erano l'unico collegamento tra la penisola e l'isola.

Kesselring, di conseguenza, non riuscendo a raggiungere Guzzoni nel suo quartier generale, si trovò coinvolto nel prendere decisioni operative dalla terraferma senza riguardo per il comandante italiano sull'isola.

La difesa delle divisioni costiere italiane crollò rapidamente, mentre le divisioni di fanteria erano state annientate: Kesselring e l'OKW si resero conto che i tedeschi avrebbero dovuto assumersi la responsabilità della difesa. Il Commando Supremo riconobbe la situazione e il 13 luglio chiese all'OKW di aumentare il supporto aereo e navale.

Contemporaneamente, Kesselring richiese a Berlino l'autorizzazione di spostare la 29. *Panzergrenadier* dalla terraferma in Sicilia insieme al resto della 1. *Fallschirmjäger-Division*, un reggimento della quale era stato lanciato sulla Sicilia il 12 luglio come rinforzo immediato, così come più sottomarini e torpediniere con cui molestare gli alleati sul mare[46].

Prima di autorizzare il movimento di queste unità, Hitler considerò brevemente l'abbandono della Sicilia al fine di concentrare le forze sulla terraferma.

Kesselring, tuttavia, lo dissuase per non indebolire troppo il morale italiano, che a quel punto era critico. Il 13 luglio, Hitler autorizzò il movimento dalla terraferma delle due divisioni, più il quartier generale del XIV. *Panzerkorps* cui sarebbe spettato il controllo delle divisioni sull'isola. Il suo compito, fino al 13 luglio, era stato quello di fornire supporto amministrativo e logistico alle divisioni impegnate in Sicilia, così il quartier generale del corpo aveva familiarità con la situazione generale.

Le truppe italiane di presidio nella munitissima base di Augusta, senza nemmeno avere visto il nemico, nella notte del 9, avevano distrutto i cannoni ed erano fuggiti in massa. Montgomery, convinto di avere la vittoria in tasca, il 13 luglio ordinava alla 1° Brigata di sbarco aereo, a Kairouan in Tunisia, "*Marston, tonight*" cioè di catturare il ponte di Primosole quella notte. Gli uomini si imbarcarono sugli aerei ma furono massacrati dal tiro contraereo delle navi alleate che scambiò il velivoli per bombardieri dell'Asse.

Su 1850 uomini solo 296 raggiunsero l'obiettivo a varie ondate; i paracadutisti britannici sopraffecero i pochi difensori italiani e si prepararono ad aspettare la 50° Divisione scozzese che era bloccata a Carlentini dalle retroguardie tedesche. Arrivarono prima i paracadutisti tedeschi: l' *Hauptmann* Franz Stangerberg riunì tutti gli uomini che riuscì a trovare tra Catania ed il ponte di Primosole e li condusse all'attacco impedendo ai parà inglesi di consolidarsi. la fanteria ed i *carri* britannici giunsero la notte del 15 e dopo una sosta notturna, preceduti dal fuoco di preparazione di 70 cannoni mossero all'attacco: sbatterono però sui parà tedeschi arrivati il giorno prima direttamente sulla zona di battaglia: la

---

[45]Ibid
[46]Ibid., p.21

fanteria scozzese, andata all'attacco in lunghe file precedute dal suono delle cornamuse fu massacrata. Il 16 l'VIII^a Armata lanciò un nuovo attacco: 159 cannoni dovevano spianare la strada alle fanterie all'attacco sparando una media di 15 colpi su ogni soldato italo-tedesco presente al fronte. Dopo 4 ore di bombardamento la 151° Brigata *Durham Light Infantry* partiva all'attacco e non passava: la fanteria veniva falciata a meno di 50 m dai parà del 3. FJ-*Regiment* dell'*Oberst* Heilmann, il futuro difensore di Montecassino, i carri distrutti uno dopo l'altro a distanza ravvicinata. I superstiti si ritirarono sul torrente Buttaceto, ultima linea di difesa di Catania.

Montgomery però, constatato che mille metri di avanzata erano costati mille uomini, bloccò ogni ulteriore attacco su Catania che venne occupata solo il 5 agosto, quando i tedeschi avevano deciso di abbandonarla per ritirare verso Messina tutte le loro unità, che in quei giorni dopo le battaglie di Centuripe - definita poi la *Cassino della Sicilia* - e di Troina, avevano imposto una battuta d'arresto alle strapotenti unità alleate. Per Montgomery la battaglia della Piana di Catania: *fu una strage sanguinosa ed una delle più dure battaglie combattute dalla mia armata.*

Nonostante una superiorità di 15 a 1 in uomini, 20 a 1 in cannoni e in mezzi corazzati , non paragonabili per ché inesistenti nella controparte navi ed aerei, Montgomery non era riuscito a concludere alcunché di militarmente accettabile: la difesa si era sfaldata per sue debolezze intrinseche, ma dove non si er a sfaldata aveva dimostrato, pur con tutti gli svantaggi nel numero e nei mezzi, di esser e insuperabile: a Troina, come ricorda l'ammiraglio Morrison nel volume *Sicilia, Salerno, Anzio*, i fanti siciliani del 5° Fanteria *Aosta* e i *Panzergrenadier* della 15. PzGr-*Division* avevano contrattaccato alla baionetta e ributtato gli americani ben 24 volte in 6 giorni.

La linea di Caronia – San Fratello- ovest di Cesarò – Troina – Adrano – Biancavilla – Acireale aveva come caposaldo principale Troina. Gli americani, dopo aver occupato Nicosia, si fermarono sulle colline che si affacciano sul fiume Cerami per riorganizzarsi dopo la lunga marcia da Gela a Licata. Nell'offensiva studiata dal generale Allen il 4eme *Tabor marocaine* avrebbe dovuto, assieme al 18° Reggimento, spostarsi verso Capizzi per poi proseguire e tagliare la SS120 al di là di Troina.

Pertanto i marocchini da Gangi il 27 luglio iniziarono a spostarsi per le difficili vie di campagna per occupare il monte Sambughetti che domina la strada Nicosia-Mistretta-Santo Stefano di Camastra. Gli italiani del 5° reggimento fanteria *Aosta* si ritiravano quindi verso Capizzi subendo numerose perdite e colpendo con una vivace resistenza il 66eme *gou* che ebbe una quindicina di uomini fuori combattimento. Il 30 luglio il *Tabor* continuò verso Capizzi combattendo assieme al 18° reggimento americano.

Il 31 luglio tutti i reggimenti ripresero l'avanzata occupando Cerami ma nei giorni successivi i movimenti delle truppe furono bloccati dalla reazione dei soldati dell'Asse con le loro artiglierie. In più punti i fanti americani furono costretti a retrocedere facendo temere il ritorno dei tedeschi su posizioni lasciate giorni prima. Le perdite degli Alleati furono numerose, specialmente a causa delle artiglierie posizionate ad ovest di Cesarò. Il 66° *goum* non riuscì ad attraversare il fiume Troina e rimase isolato senza notizie tanto che il capitano Verlet mandò un ufficiale al comando stanziato a Cerami per avere istruzioni

Il successivo tentativo del generale Allen di aggirare l'ostacolo Troina fu bloccato dalle artiglierie italiane e tedesche. In particolare il 3 agosto un contrattacco italiano costrinse alla ritirata alcuni plotoni del 67° *goum* e il 68° *goum* a sua volta dovette indietreggiare.

Nei giorni fra l'1 e il 3 agosto, gli americani attaccarono con quattro reggimenti di fanteria appoggiati dalle bocche da fuoco di ben quindici battaglioni d'artiglieria e cinque battaglioni di semoventi *Priest*, ma non riuscirono a sfondare le difese dell'Asse, costituite dalla 15. *Panzergrenadier* tedesca e dal 5° *Aosta* appoggiati dall'artiglieria italiana delle divisioni *Aosta* e *Assietta*.

Centinaia di tonnellate di bombe vennero scaricate su Troina dall'aviazione statunitense mentre i cannoni dell'artiglieria americana aprirono un intensissimo fuoco con granate al fosforo, trasformando l'intera valle in un inferno di fuoco.

Il 4 agosto sull'abitato vennero sganciate dai bombardieri alleati centinaia di bombe di oltre due quintali, che distrussero completamente ciò che fino a quel momento era rimasto in piedi.

A questo punto il generale tedesco Hube ritenne fosse giunto il momento di rispettare la tattica di ripiegamento e quindi giudicò maturati i tempi di abbandono del forte caposaldo di Troina. Anche gli italiani sotto gli ordini del tenente colonnello Gianquinto, comandante del I battaglione del 5° reggimento fanteria *Aosta*, eseguirono la stessa operazione di ripiegamento dei tedeschi.

Per vendetta, gli statunitensi massacrarono i prigionieri dell'Asse

Quando le forze dell'Asse si ritirarono da Troina, il I° battaglione del 5° *Aosta* era ridotto a 170 uomini, i 15. *Panzergrenadier* perdette in quei giorni circa 1,.600 uomini, ossia il 10% dei suoi effettivi, pari al 40% delle truppe combattenti in linea. Moltissime furono anche le perdite della 1ª divisione americana.

Dopo aver resistito fieramente per 5 giorni, le ultime forze dell'Asse evacuarono la città nella notte tra il 5 e 6 agosto; gli americani poterono entrare a Troina sia pure con molta cautela, verso mezzogiorno.

Un argomento totalmente rimosso, almeno sino a pochi anni fa, ma ancora taciuto a livello ufficiale, è quello dei crimini contro prigionieri e popolazione civile compiuti dai soldati alleati. Merita di venire qui accennato, perché se sui crimini tedeschi si sono versati i proverbiali fiumi di inchiostro, essi vanno per lo meno contestualizzati in un quadro di generalizzata violenza non certo esclusiva della *Wehrmacht* come la vulgata resistenziale pretende. In Sicilia avvennero numerosi casi di assassinii di soldati italiani e tedeschi arresisi agli statunitensi.

Le stragi di prigionieri italiani iniziarono con l'invasione. La prima, fino a questo momento conosciuta, fu compiuta a Gela verso le sette del mattino del 10 luglio 1943. L'eccidio si consumò a 8 chilometri da Gela, sulla Statale 115 per Ragusa. In località chiamata Passo di Piazza, i Reali Carabinieri avevano costituito un "posto fisso". I militari, al comando del vicebrigadiere Carmelo Pancucci di Agrigento, dovevano vigilare la linea ferrata che correva parallela al mare, poco distante. Erano una quindicina. Per fortuna però al momento della strage due erano di pattuglia, come da ordini, nonostante fosse in corso lo sbarco. Dopo la resa della stazione, secondo alcuni documenti ufficiali, i carabinieri furono prima disarmati, perquisiti e derubati di tutto quello che avevano di prezioso; poi furono messi allineati al muro vicino al pozzo con le mani sulla testa e fucilati alla schiena. Otto rimasero sul terreno. Tra questi, certamente morì, Michele Ambrosiano, richiamato e padre di cinque figli. Un carabiniere della provincia di Avellino, Nicola Villani, fu ferito gravemente. Tre si salvarono con certezza: il vicebrigadiere Pancucci e i carabinieri Francesco Caniglia di Oria, Brindisi, e Antonio Cianci di Stornara, in provincia di Foggia.

Emblematico è l'eccidio di Biscari, l'odierna Acate.

Nelle ore successive all'invasione una moltitudine di civili evacuò Acate, dirigendosi verso la vicina Vittoria. Tra i profughi, in macchina, Giuseppe Mangano, la moglie, Carmela Albani, il figlio Salvatore Valerio, detto Alberto, il fratello, Ernesto, capitano medico del Regio Esercito, e la donna di servizio. Dopo il casello ferroviario, un gruppo di militari fermò l'auto, dove viaggiava la famiglia Mangano.

Il podestà, dopo aver mostrato i documenti, chiese il rispetto della Convenzione di Ginevra concernente l'esodo dei civili in zona d'operazioni militari. La richiesta esasperò ancora di più quei militari *"avvinazzati e inferociti"*, che cominciarono a colpire gli uomini e a maltrattare le donne. Tentò di difenderli. Si qualificò. Dopo un attimo d'esitazione, i soldati, notando che l'uomo indossava la camicia nera e portava all'occhiello della giacca la "cimice" del Partito Nazionale Fascista, puntarono i fucili, intimando alle donne di entrare in una casa vicina e agli uomini di alzare le mani.

Oltre ai Mangano, i militari presero altri uomini prigionieri. In dodici, tutti civili, furono condotti vicino al caseggiato rurale Iacona e fatti allineare. Alle 19 circa, alcune scariche di mitra posero fine alla loro esistenza. Secondo alcuni testimoni, Valerio, cercò di difendere il padre, si liberò dal soldato che lo teneva prigioniero, prese un sasso e cercò di colpire un soldato, ma fu ucciso da un colpo di baionetta alla guancia sinistra. Aveva 14 anni, era figlio unico e frequentava il IV Ginnasio.

I corpi restarono insepolti per alcuni giorni. Del capitano non si è saputo più nulla. Non si conoscono i nomi degli altri fucilati. Non mi sorprenderei se i responsabili della strage fossero individuati in alcuni paracadutisti del 2° Battaglione del 505° P.I.R. USA: essi erano *"ubriachi"* o *"avvinazzati"*, paracadutisti e hanno occupato Vittoria.

A causa del lancio errato erano andati a finire per sbaglio a Vittoria. Secondo altre voci i Mangano furono ammazzati perché gli americani vollero rapinarli dell'auto e dei preziosi che i civili portavano con loro. Quest'unità era aggregata al momento dello sbarco all'82ª Divisione aviotrasportata USA.

ma non furono i soli: molte vittime vennero fatte tra i militi della Milizia Difesa Contraerea Territoriale, ammazzati dagli statunitensi perché *colpevoli* di essere fascisti.

Crimine ancora più infame, perché la Milizia Artiglieria Contro-Aerei era costituita da volontari non aventi obblighi militari, da giovanissimi non ancora di leva, da mutilati di guerra, da maturi padri di famiglia reduci dalla guerra 1915/1918, da ciechi raffinati nell'udito destinati all'ascolto degli aerofoni. Basterà ricordare che una delle vittime della strage statunitense era, come vedremo, un cinquantenne invalido per un congelamento ai piedi nella Grande Guerra!

I militi che difendevano l'Aeroporto di Biscari, investiti dal fuoco dell'artiglieria alleata e poi dalla fucileria dei soldati del 180th *Infantry Regiment* degli Stati Uniti, non buttarono le armi né scapparono, sostenuti nella lotta ad oltranza da due batterie contraeree tedesche della Flak. Per diversi giorni i soldati americani dovettero attaccare le postazioni tenute dalle anziane Camicie Nere e dai tedeschi, lasciando sul campo di battaglia un elevato numero di morti e di feriti.

Il 14 luglio 36 soldati italiani che facevano parte della retroguardia che aveva consentito con la sua resistenza ai reparti di ritirarsi verso la strada Santo Pietro- Caltagirone, si arresero alla compagnia C del 180th *Infantry Regiment* del capitano John T. Compton. Il capitano Compton fece fucilare subito sul posto i militi che si erano arresi.

Anche in contrada Ficuzza gli americani della compagnia A del 180th *Infantry Regiment* incontrarono una durissima difesa del territorio da parte degli italo-tedeschi e, quando i difensori si arresero, il sergente Horace T. West, incaricato, assieme ad altri militari americani, di scortare i prigionieri verso la città di Biscari, ordinò loro di togliersi le divise e le scarpe, li incolonnò e li fece camminare fino al torrente Ficuzza, dove li massacrò a colpi di fucile mitragliatore.

Le vittime italiane furono trentasette, in maggioranza Camicie Nere ed avieri, quattro quelle tedesche. Si salvarono soltanto due mitraglieri della M.A.C.A., le Camicie Nere Virgilio De Roit e Silvio Quaiotto, e l'aviere Giuseppe Giannola, i quali denunciarono con dovizia di particolari quanto era successo.

Dalla testimonianza di Luigi Lo Bianco, un contadino che viveva nei pressi dell'aeroporto di Biscari, all'epoca dei fatti un ragazzo di 15 anni, si è appurato che, nella strada tra l'aeroporto di Biscari e Caltagirone, in contrada Saracena, furono fucilati dagli americani otto uomini della Milizia appartenenti alla 19a batteria da 76/40 del 31° gruppo di stanza all'aeroporto di Biscari.

Il Lo Bianco precisò che i militi venero fatti allineare lungo il muro di cinta di Villa Cona e fucilati.

Tra i militi fucilati fu possibile identificare nominativamente soltanto tre Camice Nere.

I militi che fu possibile identificare erano: Camicia Nera Luigi Poggio, nato a Genova il 21 giugno 1905, Camicia Nera Angelo Maisano, nato a Messina il 30 settembre 1891, e il vice caposquadra Colombo Tabarrini, nato a Foligno nel 1895, reduce della Grande Guerra, invalido per congelamento ai piedi che aveva scelto di servire l'Italia nella Milizia Artiglieria Contro Aerea, in servizio in una batteria di Genova, ma trasferito in Sicilia per un dissidio con un superiore.

Ecco la testimonianza del Lo Bianco, rilasciata nel 1992:

> Attorno all'aeroporto c'erano batterie antiaeree della milizia e batterie italiane dell'esercito someggiate, con i cannoni, e questa era tutta antiaerea e antiterra. Nel periodo dell'invasione questi hanno fatto fuoco sempre contro gli invasori, hanno tenuto testa agli americani, e poi quando gli americani hanno cercato di accerchiarli, loro sono fuggiti, e almeno per detto dalla gente che c'era in quelle zone, prima di Caltagirone, vicino la villa Cona, ne hanno presi sette della milizia [in realtà otto, ndA] e li hanno fucilati vicino alla strada, in un muretto accanto il cancello[47].

Nei verbali della Corte Marziale americana riguardanti i procedimenti del sergente West e del capitano Compton, responsabili del massacro di prigionieri italo-tedeschi a Biscari, si trova la testimonianza del *Leutnant colonel* cappellano William E. King, colui che denunciò per primo le stragi di Biscari al Comando americano. Dichiarò il reverendo King:

> Alle 13.00 del 15 Luglio 1943, mentre mi stavo recando al posto di Comando del 180th Infantry Regiment, a circa 2 Km a sud di Caltagirone, sul punto di coordinate 457454, ho osservato una fila di corpi stesi vicino al ciglio della strada principale in un piccolo vicolo, che confluisce sulla strada principale da est.
> Quando tornai dalla linea del fronte, mi fermai nel posto già citato e osservai con attenzione i corpi che avevo visto andando al fronte. C'erano otto corpi di italiani che erano stesi in fila, sei a faccia in giù e due a faccia in su. Erano stati fucilati esattamente nello stesso modo di quelli osservati a sud dell'Aeroporto di Biscari, tranne che questi non erano stati fucilati alla testa e che parecchi corpi avevano più di una ferita alla schiena e al petto.

La descrizione minuziosa del luogo fatta dal Reverendo King e le coordinate contenute nel verbale inquadrano la scena di questo crimine in un incrocio della via Giombattista Fanales, angolo strada Aeroporto di Biscari-Caltagirone. La differenza tra i corpi notati

---

[47] Testimonianza di L. Lo Bianco, in D. Anfora, *La battaglia degli Iblei, 9- 16 luglio 1943*, Lecce 2016, p. 295.

dal cappellano King, e quelli riportati dal sig. Lo Bianco è minima: il Lt.col. King parla di 8 corpi, il sig. Lo Bianco dichiarò che i corpi erano sette; e che le località indicate sono molto vicine, lungo la strada Aeroporto di Biscari-Caltagirone, per cui potrebbe trattarsi dello stesso episodio, anche se non si può escludere che si tratti di due fucilazioni diverse, sempre a danni di militi della M.A.C.A.. A questo punto potrebbe trovare convalida la testimonianza resa da un altro testimone, Gesualdo Mineo, che sosteneva che i sopraindicati fucilati della Milizia si trovavano insieme a 5 civili che vestivano di nero a causa di un lutto familiare, in contrada Saracena e ammazzati perché scambiati per fascisti[48].

Le denunce verso King e Clifford misero in serio imbarazzo gli alti gradi dell'esercito alleato, tanto che dovette intervenire la procura militare, rinviando a giudizio il sergente Horace West (compagnia A) ed il capitano John Compton (compagnia C). Il primo si difese riportando le parole di Patton alla vigilia dell'invasione della Sicilia:

> Se si arrendono quando tu sei a due-trecento metri da loro, non badare alle mani alzate. Mira tra la terza e la quarta costola, poi spara. Si fottano, nessun prigioniero! È finito il momento di giocare, è ora di uccidere! Io voglio una divisione di assassini, perché gli assassini sono immortali![49]

Vedremo che per molto meno Kesselring venne condannato a morte dalla corte britannica di Venezia; patton rimane per troppi invece un eroe.

La corte marziale contro il sergente West si aprì a settembre del 1943. L'accusa: *Omicidio volontario premeditato, per avere ucciso con il suo mitra 37 prigionieri, deliberatamente e in piena coscienza, con un comportamento disdicevole*. Le Camicie Nere - poco meno di 50 - erano state catturate dopo un lungo combattimento in una caverna intorno all'aeroporto di Biscari. Il comandante li consegnò al sergente con un ordine ritenuto *vago* dai giudici: allontanarli dalla pista dove si sparava ancora. Nove testimoni ricostruirono l'eccidio. West mise gli italiani in colonna, dopo alcuni chilometri di marcia ne separò cinque o sei dal resto del gruppo. Poi si fece dare un mitra e condusse gli altri fuori dalla strada. Lì li ammazzò, inseguendo quelli che tentavano di scappare mentre cambiava caricatore: uno dei corpi fu trovato a 50 metri. Davanti alla corte, il sergente si difese invocando lo stress: *Sono stato quattro giorni in prima linea, senza mai dormire.*

Dichiarò di avere assistito all'uccisione di due americani catturati dai tedeschi, cosa che lo aveva reso furioso in modo incontrollato. Il suo avvocato parlò di *infermità mentale temporanea*. Infine, West disse ai giudici:

> Avevamo l'ordine di prendere prigionieri solo in casi estremi.

Nonostante ciò West venne condannato all'ergastolo per aver ucciso dei prigionieri di guerra. Un provvedimento, tuttavia, che è rimasto senza effetti, dato che lo stesso West ha continuato a prestare servizio nell'esercito. Anche Compton giustificò il proprio operato con gli ordini di Patton. A differenza del collega fu assolto, ma morì presso Monte Cassino nel 1943.

> Li ho fatti uccidere perché questo era l'ordine di Patton - disse Compton -. Giusto o

---

[48] D. Anfora, S, Pepi, *Obiettivo Biscari. 9-14 luglio1943: dal Ponte Dirillo all'aeroporto 504*, Milano 2013.
[49] Patton, in un colloquio tenuto il 5 aprile 1944, col tenente colonnello C.E. Williams, ispettore del Ministero della Guerra sui fatti di Biscari, ammise di aver tenuto un discorso abbastanza sanguinario, *pretty bloody*, ma di averlo fatto per stimolare lo spirito combattivo della *45th Infantry Division*, che si trovava per la prima volta sotto il fuoco nemico, negando comunque di aver incitato all'uccisione di prigionieri.

> sbagliato, l'ordine di un generale a tre stelle, con un esperienza di combattimento, mi basta. E io l'ho eseguito alla lettera.

Tutti i testimoni - tra cui diversi colonnelli - confermarono le frasi di Patton. Alcuni riferirono anche che Patton aveva detto:

> Più ne prendiamo, più cibo ci serve. Meglio farne a meno.

Compton fu quindi assolto. Il responsabile dell'inchiesta. il procuratore militare William R. Cook volle presentare appello contro la sentenza assolutoria, perché

> Quell'assoluzione era così lontana dal senso americano della giustizia che un ordine del genere doveva apparire illegale in modo lampante.

cosa che non avvenne perché nel frattempo Compton era caduto al fronte. Ironia della sorte, si dice che sia stato colpito da un cecchino mentre cercava di avvicinarsi a dei soldati tedeschi sventolando la bandiera bianca.

Alle 17 circa del 13 luglio un'altra strage di civili avvenne a Piano Stella, a un paio di chilometri dall'aeroporto di Biscari. A Piano Stella vivevano circa 40 famiglie d'agricoltori, assegnatari di lotti e case coloniche. Furono assassinati a colpi di fucile mitragliatore il profugo di Vittoria Giovanni Curciullo, il figlio tredicenne Sebastiano, i calatini Giuseppe Alba, Salvatore Sentina e il reduce della I guerra mondiale Giuseppe Ciriacono. Solo il figlio dodicenne del Ciriacono, Giuseppe, fu risparmiato. Tutti erano stati in precedenza prelevati da un vicino rifugio, costruito artigianalmente dal Ciriacono come ricovero familiare dai bombardamenti che avevano per obiettivo il vicino aeroporto. Nessuno di loro aveva compiuto atti ostili contro gli invasori o possedeva armi. Anzi, qualche ora prima avevano curato un soldato americano ferito. Per lo storico Nunzio Vicino la strage sarebbe una conseguenza dell'intervento in aiuto dei soldati italiani e tedeschi, impegnati contro paracadutisti americani nel vicino bosco Terrana, del perito agronomo Fiore, detto "l'ingegnere", ex squadrista, romano, assegnato come consulente e dirigente tecnico al Borgo. Fiore, avrebbe ucciso un paracadutista nemico, sceso davanti casa sua, provocando la rappresaglia degli americani, avvisati da un altro militare, non notato dall'"ingegnere". Fiore riuscì a scappare aiutato da alcuni abitanti della zona. Per lo storico Gianfranco Ciriacono, Fiore sarebbe andato via un paio d'ore prima della strage. Seguirono un tentativo americano di occultare i corpi e una denuncia ai Carabinieri, i quali informarono i superiori; i probabili responsabili della strage siano da ricercare tra i soldati dell'82ª Divisione aviotrasportata.

il 14 luglio a Santo Pietro, furono massacrati 33 uomini, 29 soldati italiani dell'3ª compagnia, CLIII battaglione mitraglieri del 122° fanteria, e 4 tedeschi della *Hermann Göring*. I soldati avevano il compito di difendere l'aeroporto di Santo Pietro, e, dopo uno scontro col nemico, si erano arresi agli americani, ma vennero fucilati dopo la resa.

A Canicattì sempre il 14 luglio 1943 furono uccisi dalle truppe statunitensi sette civili, tra i quali una bambina di undici anni.

Due giorni dopo l'occupazione di Canicattì, avvenuta il 12 luglio, gli americani ricevettero una denuncia orale da parte di un civile che diceva che dei civili stavano saccheggiando una fabbrica bombardata, la *Saponeria Narbone-Garilli*, riempiendo secchi con i prodotti della fabbrica: cibo e sapone liquido. Verso le ore 18 del 14 luglio il tenente colonnello George Herbert McCaffrey, il governatore militare di Canicattì, e tre agenti della *Military Police* arrivarono in fabbrica. McCaffrey sparò sulla folla dopo che la stessa era riuscita a disperdersi e che gli stessi soldati americani si erano rifiutati di aprire il fuoco. Sette civili, tra cui una bambina di undici anni, furono uccisi

Un'indagine riservata fu aperta, ma McCaffrey, che morì nel 1954, non fu mai denunciato per la strage, che rimase praticamente sconosciuta finché non fu pubblicata la testimonianza di Joseph S. Salemi della New York University, il cui padre era stato testimone dell'eccidio[50]

Quelle avvenute in Sicilia nel 1943 sono tra le pagine più nere della storia militare americane. Pagine sulle quali gli storici negli Stati Uniti di-scutono da molti anni, mentre in Italia queste vicende sono pressoché sconosciute.

Le stragi e gli eccidi di Piano Stella, di Comiso, di Castiglione, di Vittoria, di Canicattì, di Paceco, di Butera, di Santo Stefano di Camastra sono stati nascosti dal 1943 e nessuno ha pagato, a differenza di quanto sarebbe successo con i tedeschi.

Con l'invasione alleata giunsero in Sicilia i *goumiers* marocchini del 4e *Tabor* che iniziarono la lunga scia di stupri e di violenze che ne caratterizzò la presenza durante la campagna d'Italia *pour avenger le coup de poignard du 1940*.

Gli stupri compiuti dalle truppe dei *Tabors* marocchini cominciarono già nel luglio 1943, con lo sbarco alleato in Sicilia e l'invasione dell'Italia. Gli 832 marocchini del 4e *Tabor* aggregato agli statunitensi che sbarcarono a Licata, compirono saccheggi e violentarono donne e bambini presso il paese di Capizzi, vicino Troina.

Involontariamente gli stessi americani contribuirono ad alimentare la paura invitando la popolazione a ritirare prudentemente le famiglie dalla campagna per evitare facili aggressioni, come quella avvenuta in contrada Ruscina dove due donne erano state violentate. L'accampamento dei marocchini a Capizzi era al Piano della Fiera e a M.Rosso, molti civili erano stati fermati all'ingresso del paese e alleggeriti di portafogli, orologi e oggetti d'oro, agendo alcune volte anche con violenza. Caso esemplare fu l'episodio di un furto di orecchini, tolti con forza dalle orecchie di una donna, fatto che costò caro ad un marocchino che per ordine di un ufficiale fu legato alla coda di un cavallo poi lanciato al galoppo.

I capitini dopo un primo momento di sgomento iniziarono a reagire: alcuni *goumiers* vennero bastonati, ad altri venne invece mostrata una corda per intimorirli, temevano infatti la morte per impiccagione che, secondo le loro credenze, avrebbe impedito alla loro anima di giungere in paradiso. Molti vennero impiccati o uccisi a colpi di accetta. In contrada Salice due *goumiers* furono impiccati e lasciati a penzolare su due alberi.

Vicino a Spezzagallo altri due furono uccisi a colpi di accetta perché sorpresi a rubare. Altri morirono in contrada Mercadante uccisi da contadini adirati per dopo aver visto foraggiare i cavalli con i covoni di frumento. Due cadaveri furono rinvenuti in un casotto all'Addolorata. Un altro invece fu trovato morto dopo alcuni mesi, con ancora indosso il suo caratteristico costume, in un pagliaio di Pardo. È probabile che altri ancora abbiano trovato la morte nelle campagne. Il racconto delle siciliane stuprate è spesso reticente, come nella testimonianza di un'anziana, nata nel 1922, all'epoca dunque ventunenne:

> Nel caseggiato dove mio padre allevava la mandria, io ero la più grande dopo mia madre e successe quello che volle Dio.

Anche nella vicina Cerami accaddero episodi simili. Una donna allora sedicenne ricorda:

---

[50] J. S. Salemi, "Un eccidio- non denunciato- del luglio 1943 a Canicattì", http://www.solfano.it/dossier/salemitragici.pdf

> Noi nel 1943 sfollammo in campagna in una masseria di mio zio. Mi ricordo la fame e lo spavento perché i marocchini si rubavano le femmine. Io sono di Cerami e i marocchini vennero in campagna a cercare da mangiare. Facevano paura solo a guardarli.

E ancora:

> Da questa violenza a Capizzi nacquero anche figli. Ma gli uomini se le tenevano le donne violentate perché non si erano passate un capriccio, ma era stata una disgrazia, perciò non le abbandonavano.

In Sicilia non sempre i *goumiers* del 4ᵉ *Tabor* poterono compiere impunemente le violenze che diverranno tristemente abituali nel corso della campagna d'Italia; sono fatti che gettano una luce ben diversa da quella solitamente propagandata sui rapporti tra *liberatori* e *liberati*.

Ricorda un testimone con orgoglio come gli abitanti di Capizzi *ne ammazzarono tanti di marocchini*, e come quella fosse *la guerra della città di Capizzi contro il liberatori*:

> (...). siccome gli inglesi non ci difendevano, i capizzuoti ne ammazzarono tanti di marocchini, a colpi di bastone e con le roncole. Tanto danno facemmo loro, più di quanto loro non ne fecero a noi con le loro marocchinate. I marocchini venivano nelle masserie a truppa e facevano i comodi loro. Le donne di tre famiglie le violentarono, madri, zie, cognate, sorelle e figlie, tenendo gli uomini sotto la *scopetta* [il fucile ndA] e perciò non potevano reagire. Violentarono una ragazza di 16 anni che era andata sola a prendere l'acqua alla sorgente. Ma i capizzuoti *non se la tenevano* e fecero un'imboscata nel bosco. Una volta, al pascolo nel bosco trovai un elmetto, incuriosito mi avvicinai e dentro ci trovai la testa di un marocchino a cui l'avevano tagliata con l'ascia. Quella fu la guerra della città di Capizzi contro il liberatori, *i vinnignammu* [facemmo vendemmia di loro] con una guerriglia.

Un altro anziano, all'epoca bambino di otto anni, testimonia come

> Venivano a gruppi sui muli ed erano neri, *s'amnmuccavunu zoccu capitava, magari i fimmini, certu, masculi erunu!* [Prendevano e mangiavano ciò che capitava, anche le femmine, certo, erano maschi!]. Ma erano selvaggi e *i fimmini i marturiavunu* [le donne le martirizzavano]
> . Una volta *maritu e mugghieri ammazzàru un maruccinu insieme*. Siccome venivano a truppa, se in una masseria c'erano due, tre femmine, se le facevano tutte.

E un altro, all'epoca dei fatti dodicenne ricorda come i *capizzuoti li ammazzarono e li diedero da mangiare ai porci*:

> I *Miricani* si mettevano i marocchini davanti perché erano selvaggi. Ma i capizzuoti li ammazzarono e li diedero da mangiare ai porci. Quando potevano le donne se le nascondevano, ma queste lavoravano in campagna, raccoglievano le fave, strappavano l'erba intorno al grano verde, pulivano il grano per portarlo al mulino, non era facile tenerle nascoste[51].

Il 25 luglio cadde il regime fascista, e Mussolini venne sostituito da Badoglio.

---

[51] Testimonianze tratte da M. Fiume, "'Marocchinate'. La guerra privata di Capizzi nel 1943", http://www.siciliafan.it/marocchinate-la-guerra-privata-di-capizzi-nel-43-di-marinella-fiume/

Questi fece a sera il seguente proclama, che annunciava la prosecuzione della guerra a fianco della Germania:

> Italiani! Per ordine di Sua Maestà il Re e Imperatore assumo il Governo militare del Paese, con pieni poteri. La guerra continua. L'Italia, duramente colpita nelle sue provincie invase, nelle sue città distrutte, mantiene fede alla parola data, gelosa custode delle sue millenarie tradizioni. Si serrino le file attorno a Sua Maestà il Re e Imperatore, immagine vivente della Patria, esempio per tutti. La consegna ricevuta è chiara e precisa: sarà scrupolosamente eseguita, e chiunque si illuda di poterne intralciare il normale svolgimento, o tenti turbare l'ordine pubblico, sarà inesorabilmente colpito.
> Viva l'Italia. Viva il Re.

Per il momento i tedeschi che pure avevano già pronta l'operazione *Achse* decisero di non intervenire, in attesa di vedere se Badoglio avrebbe mantenuto o meno *fede alla parola data*. Mentre a Roma accadevano questi eventi, la situazione in Sicilia peggiorò. Il generale Hube, comandante del XIV. *Panzerkorps* assunse il comando delle formazioni tedesche sull'isola con Kesselring che dirigeva dal suo comando di Frascati.

Hube concentrò le proprie forze in un perimetro difensivo nel nord-est della Sicilia, dove le sue quattro divisioni potevano sfruttare al meglio il terreno accidentato su una linea che correva intorno all'Etna. Fu chiaro a Kesselring, come all' OKW, che i tedeschi avrebbero presto dovuto ritirarsi sulla terraferma per impedire una perdita di forze significative come era accaduto in Nord Africa.

Il ritiro del XIV *Panzerkorps* dalla Sicilia venne pianificato ed eseguito con meticoloso dettaglio. Iniziato l'8 agosto, senza aspettare l'approvazione dell'OKW, Kesselring ha condusse un'evacuazione perfettamente coordinata con la *Luftwaffe*, che ha fornì la copertura aerea e fornito un anello di difesa aerea attorno allo stretto di Messina, e unità leggere della *Kriegsmarine* che impedivano la penetrazione alleata dal mare. Tutte le unità tedesche, con equipaggiamento, furono trasferite in terraferma il 12 agosto, così come il personale e i materiali italiani. L'aviazione alleata si dimostrò inefficace contro la copertura della *Luftwaffe*.

Si riuscì a portare in salvo 39.569 soldati tedeschi, dei quali 4.444 feriti; 62.000 soldati italiani; circa 10.000 automezzi; 47 carri armati tedeschi; 136 cannoni; 18.000 tn. di munizioni, carburanti e persino 12 muli; questa operazione di evacuazione costituisce una dimostrazione della capacità organizzativa di Kesselring al suo meglio: un'attenta pianificazione di una manovra assai complessa per di più in momento politicamente delicatissimo[52].

Kesselring apprese alcune preziose lezioni sul collocamento delle forze di contrattacco contro una forza d'invasione, lezioni che avrebbe applicato a Salerno ed Anzio. Si rese innanzitutto conto dell'inutilità di posizionare unità costiere molto vicine alla spiaggia sperando che potessero respingere un assalto anfibio, come si rese conto dell'utilità di usare la rapidità di reazione delle riserve mobili per affrontare l'invasione e distruggerla prima che potesse sviluppare un punto d'appoggio. Queste riserve, comprese, dovevano essere poste relativamente vicino ai possibili luoghi di sbarco per spostarsi sotto la copertura delle tenebre per impedire l'esposizione agli attacchi aerei o alle artiglierie navali[53].

---

[52] Ivi.
[53] Ibid.

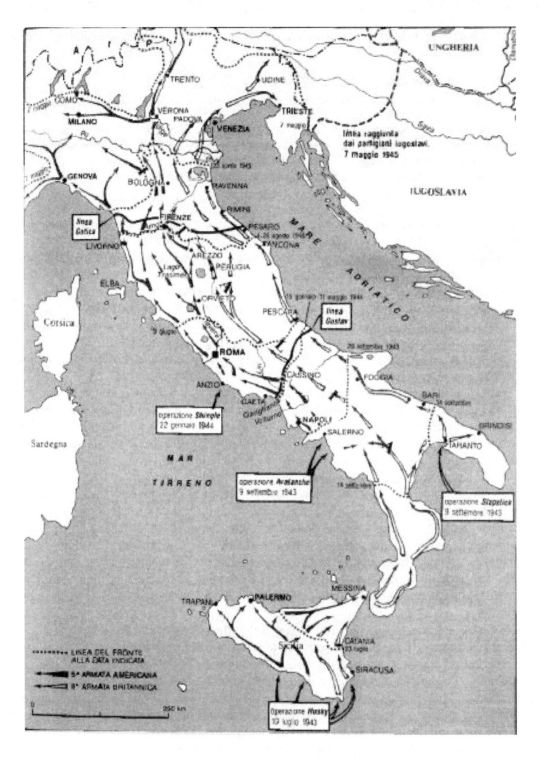

La campagna d'Italia, 1943- 1945
(da Correlli Barret 1991)

5.
LA RESA ITALIANA E LO SBARCO A SALERNO

Nel settembre 1943 Kesselring fu posto a capo del Gruppo di Armate C (*Heeresgruppe C*) dislocato nell'Italia meridionale e, in contrasto con Rommel, comandante del Gruppo di Armate B), sostenne la possibilità di fermare gli Alleati sulla linea Garigliano-Sangro (linea Gustav), conservando così il possesso di Roma. L'Oberkommando der Wehrmacht approvò il suo punto di vista e sciolse il Gruppo di Armate Nord; pertanto Kesselring, dal 21 novembre 1943, assunse la completa responsabilità del teatro di guerra italiano.
Kesselring dimostrò le sue qualità di condottiero nell'abile resistenza manovrata opposta all'avanzata ed agli sbarchi degli alleati, soprattutto a Salerno, Cassino, Anzio.
Il 10 luglio del 1943 iniziò la campagna d'Italia, che si rivelò il vero capolavoro militare di Kesselring: per quasi due anni, arretrando le proprie truppe su linee difensive predisposte (linea Gustav, linea Gotica) e conducendo un'audace guerra difensiva, inflisse durissime perdite agli alleati.
Anche nell'abbandono della Sicilia Kesselring riuscì a mettere in salvo la massima parte dei propri uomini e degli equipaggiamenti, e, l'otto settembre 1943 riuscì quasi, malgrado la situazione venutasi a creare con l'armistizio italiano, a ricacciare a mare le truppe di Alexander, riuscendo nel frattempo a neutralizzare le Forze Armate italiane ed a occupare tutto il territorio del Regno.
Già prima dell'invasione della Sicilia, Hitler si convinse che l'Italia alla fine si sarebbe ritirata dalla guerra e desiderava avere alcune opzioni in Italia nel caso in cui quell'evento dovesse verificarsi. Di conseguenza, egli ordinò a Kesselring, il 7 maggio 1943, di offrire cinque divisioni agli italiani per contribuire a rafforzare le loro difese. Lo scopo recondito era quello di avere un numero significativo di forze tedesche in Italia per impedire un'immediata conquista alleata, o nel migliore dei casi, per impedire un ritiro italiano dal conflitto.
Il Capo di S. M. Vittorio Ambrosio, successo a gennaio al Maresciallo Ugo Cavallero, avendo compreso lo scopo di questa offerta, rifiutò. Hitler capì che i suoi sospetti erano confermati e immediatamente ordinò di creare una forza sotto Rommel, che alla fine divenne Gruppo di Armate B, al confine settentrionale dell'Italia, che sarebbe potuta entrare nel paese senza preavviso[54].
Probabilmente, fu in quell'occasione che Hitler cominciò a prendere in considerazione la possibilità di sostituire Kesselring con Rommel come *Oberbefehlshaber Süd*, anche se questo intento non si sarebbe manifestato fino all'invasione della Sicilia. Kesselring non fu stato informato dell'intenzione di Hitler di creare un gruppo di armate sotto Rommel, anche se certamente ne dovette ricevere notizia. Mentre le cose a Berlino si muovevano, Kesselring continuava a negoziare con Ambrosio, e riuscì a far accettare al Comando Supremo quattro divisioni e il XIV *Panzer Korps* (queste erano le forze utilizzate in difesa della Sicilia), e dopo la caduta di Pantelleria ancora una divisione, il primo giugno 1943. Così, l'intento di Hitler si realizzò, senza bisogno dell'intervento vigoroso di Rommel, grazie alla diplomazia di Kesselring e di un aggressivo atteggiamento alleato.
Mussolini fu rimosso dall'incarico di Presidente del Consiglio il 25 luglio ed arrestato. Hitler reagì ordinando un certo numero di mosse militari, tra cui il rapimento del re e

---

[54]Bitner, op. cit., p. 24.

Badoglio, lo sbarco di truppe aviotrasportate a Roma e la liberazione di Mussolini dalla reclusione.
Hitler intendeva anche ritirare le truppe dalla Sicilia e dalla Corsica per concentrarle sulla terraferma e metterle sotto il controllo di Rommel. Kesselring non era tuttavia rimasto inattivo. Badoglio nel frattempo affermò che gli italiani avrebbero continuato a combattere.
Kesselring gli credette e persuase Hitler a non prendere provvedimenti immediati, ma a continuare l'alleanza e, al tempo stesso, a infiltrarsi in forze in Italia invece di sviluppare un conflitto aperto con l'esercito italiano sulla terraferma. Sebbene Hitler fosse d'accordo con queste proposte, sentiva ancora fortemente che gli italiani avrebbero defezionato, continuò a pianificare l'operazione *Achse* in caso di tale eventualità.
All'incirca in questo periodo si sviluppò un dibattito all'interno dell'OKW sulla natura della difesa della terraferma italiana. Le due posizioni sono descritte da Manfred Rommel:

> Mio padre propose di rinunciare all'Italia meridionale e centrale e di creare un'ultima linea difensiva sulla linea appenninica a sud della pianura padana. Ciò avrebbe ridotto il fronte costiero e consentito di mantenerlo più a lungo. Kesselring, d'altra parte, era dell'opinione che fosse possibile mantenere la resistenza a sud di Roma per un bel po' di tempo[55].

La preoccupazione principale di Rommel, come quella dell'OKW, era che le formazioni tedesche avrebbero potuto essere aggirate troppo a sud della penisola e essere tagliate fuori, soprattutto se gli italiani avessero tradito. La posizione di Kesselring fu chiaramente esposta da Vietinghoff, in seguito comandante della 10. *Armee*: il piano di Rommel andava respinto, perché se attuato avrebbe portato ad una considerevole perdita di prestigio politico, che abbandonava l'importantissimo contributo apportato dalle industrie belliche e agricole italiane al potenziale dell'Asse, abbandonando la valle del Po, da dove l'aviazione alleata avrebbe potuto colpire gli obiettivi in Germania ed in Austria con un numero enorme di velivoli, ed avrebbe anche causato il completo rovesciamento della situazione generale tedesca nei Balcani e in Francia.
Kesselring, a ragione, nella sua autobiografia *Soldat bis zum lezten Tag* scrive che la situazione politica e militare era, a quel tempo, una circostanza di fatto alla quale bisognava in qualche modo rassegnarsi.
Ogni eccessivo allargamento della guerra presentava svantaggi incontestabili, soprattutto per le nuove esigenze imposte al potenziale bellico e per le conseguenti difficoltà inerenti i rifornimenti e i comandi militari. I paesi in guerra hanno sempre mirato a portare le ostilità in territorio nemico per risparmiare il proprio e questo era un pensiero fisso di tutti i generali tedeschi.
Lo sgombero di tutta l'Italia e la difesa del Reich su posizioni alpine non avrebbe portato ad un potenziale risparmio di forze ma, all'opposto, avrebbe condotto ad una situazione decisamente pericolosa per la conseguente libertà completa di movimento degli Alleati in direzione della Francia e dei Balcani, dando loro la possibilità di allestire numerose basi aeree per colpire la Germania e l'Austria con efficaci bombardamenti sulle vie di rifornimento.
Qualora si fossero volute effettuare con qualche probabilità di successo le operazioni di ritirata al Brennero, si sarebbero dovuti compiere preparativi con ampio anticipo, cioè fin dal 1942/43, il che non era né pensabile né possibile, oltre che per il favorevole anda-

---

[55] Cit. in Bitner, p.24.

mento delle operazioni sino all'autunno- inverno del 1942, non foss'altro che per motivi politici.

> Da questo punto di vista appare evidente che la lotta per l'Italia era non solo opportuna, ma assolutamente necessaria.
> Se si fosse avuto per obiettivo la fine anticipata della guerra, rinunciando ad avvalersi delle possibilità di successo che ancora esistevano, si sarebbe allora dovuto ritenere inutile la guerra nel Mediterraneo.

Kesselring aggiunge che, dal suo punto di vista, al risultato finale della campagna d'Italia e di fronte alle forti perdite la situazione bellica generale ne è risultata avvantaggiata. Si possono infatti considerare nel bilancio finale anche numerosi elementi positivi.
Il fronte italiano ha vincolato forze alleate che, se impiegate su altri fronti, avrebbero influito in modo severamente sfavorevole per la Germania sia sul fronte Occidentale, sia su quello Orientale[56].
Grazie a questa visione bellica la Germania meridionale venne risparmiata fino quasi alla fine di aprile del 1945 e questa fu una circostanza determinante per la produzione di materiali vari e per la resistenza generica del paese, anche quando i destini della Germania erano già stati decisi dagli avvenimenti su altri fronti.

Mentre si sviluppava questo dibattito, la Sicilia fu evacuata il 12 agosto. Il 15 agosto, Rommel fu nominato Comandante Supremo nell' Italia del Nord, dividendo così le responsabilità di comando in Italia tra Kesselring e Rommel. Kesselring riconobbe il pericolo di una divisione di comandi e capì che non godeva la piena fiducia di Hitler per quanto riguardava il modo migliore di difendere l'Italia.
Di conseguenza, offrì le proprie dimissioni. Hitler, incerto sull'approccio migliore da seguire, decise di mantenere in carica entrambi i comandanti per l'immediato futuro e rifiutò la richiesta di Kesselring. Tuttavia, Hitler considerava Kesselring un italofilo e aveva seri dubbi sulla sua affidabilità nel portare a termine il piano di emergenza che si occupava di una possibile capitolazione italiana sostenendo che

> Quel Kesselring è troppo onesto per quei traditori laggiù.

Inoltre, Hitler ordinò che venisse costituita nell'Italia meridionale la 10. *Armee*, sotto il generale Heinrich von Vietinghoff al fine di riunire formazioni tedesche in un'unica grande unità. Vietinghoff assunse il proprio incarico il 22 agosto 1943.
I due piani di emergenza sviluppati dall' OKW avevano lo scopo di affrontare due situazioni diverse. Se gli Alleati avessero invaso l'Italia meridionale, Kesselring avrebbe dovuto condurre l'armata di Vietinghoff che si trovava a sud di Roma verso nord con quella che gli anglosassoni definiscono *fighting retreat*.
Se gli italiani avessero capitolato, come oramai appariva sempre più probabile, il piano *Achse* prevedeva che le formazioni italiane in Italia, nella Francia occupata, in Grecia, nei Balcani fossero disarmate, che la Sardegna e la Corsica fossero evacuate, che la 10. *Armee* si ritirasse in un'area a sud di Roma fino a quando l'evacuazione delle truppe tedesche fosse completa, per poi ritirarsi nel Nord Italia.
Né l'OKW né Kesselring ritenevano probabile che entrambi gli eventi potessero accadere simultaneamente.

---

[56]Ibid.

Il 28 agosto, Kesselring aveva deciso che il prossimo attacco alleato sarebbe stato contro la terraferma italiana, ma era incerto sul luogo.
L' OKW aveva previsto già dal 22 agosto uno sbarco a Salerno o Napoli.
Il 3 settembre 1943, il giorno stesso in cui a Cassibile veniva firmata la resa (presentata pudicamente come armistizio) italiana, l'8a Armata britannica eseguì uno sbarco diversivo in Calabria[57]. Kesselring, in accordo con il piano di emergenza per un'invasione alleata, iniziò a ritirare le sue formazioni più a nord. Si aspettava gli sbarchi completamente da un'altra parte e non desiderava che le sue unità venissero isolate troppo a sud. Ma il principale sbarco alleato arrivò a Salerno l'8 settembre. Contemporaneamente all'invasione, Eisenhower annunciò la capitolazione italiana, tre giorni prima rispetto alla data del 12 chiesta da Badoglio per dare la notizia della resa.

Radio New York trasmise alle 16.30 la notizia della firma dell'armistizio tra l'Italia e le forze potenze alleate; molti in Italia non vi credettero, finché non venne trasmesso un messaggio del generale Eisenhower da radio Algeri:

> Qui è il generale D. D. Eisenhower, comandante in capo delle forze alleate nel Mediterraneo.
> Il governo italiano ha firmato la resa incondizionata delle sue forze. Come comandante in capo ho concesso l'armistizio, i cui termini sono stati approvati dal Regno Unito, dagli Stati Uniti e dall'Unione Sovietica. Ho perciò operato nell'interesse delle nazioni alleate. Il governo italiano si è impegnato a rispettare questi termini senza riserve. L'armistizio è stato firmato da miei rappresentanti e da rappresentanti del maresciallo Badoglio; esso diviene operante in questo istante. L'ostilità tra le forze armate delle nazioni alleate e quelle dell'Italia termina all'istante. Tutti gli italiani che forniranno aiuto per scacciare l'aggressore tedesco dal suolo italiano avranno a loro volta aiuto e appoggio dalle nazioni alleate.

Il generale Maitland Wilson emise il seguente proclama, che dimostrava come la resa fosse, al contempo, un vero e proprio tradimento dell'alleato, ordinando (!) agli italiani di attaccare e disarmare i germanici:

> Il vostro governo ha firmato un armistizio; la guerra tra l'Italia e le nazioni alleate è terminata. In conformità alle condizioni d'armistizio impartisco i seguenti ordini, che devono essere immediatamente eseguiti da tutti i componenti le forze armate italiane dislocate nei Balcani e nell'Egeo:
> 1. Ogni atto ostile nei confronti delle popolazioni delle regioni che voi presidiate deve cessare immediatamente.
> 2. Ogni unità deve rispettare la più stretta disciplina e conservare l'attuale formazione.
> 3. Ogni tentativo da parte tedesca o dei paesi suoi satelliti di disarmare o di sbandare le truppe italiane, per impossessarsi delle loro armi, di magazzini, di depositi di carburanti e di serbatoi d'acqua, o di posizioni da loro presidiate, deve essere contrastato con le armi. Tutti gli ordini dei Tedeschi devono essere ignorati.
> 4. Le truppe italiane devono impossessarsi con la forza di tutte le posizioni occupate dai Tedeschi nel Dodecaneso.
> 5. Tutte le unità della marina mercantile e di quella da guerra devono attenersi a quanto segue: le navi mercantili che si trovino a oriente del meridiano corrispondente al 17° grado di longitudine devono fare rotta diretta su Alessandria; ad esse è concesso di attraccare in un porto delle Nazioni alleate per rifornirsi.
> 6. Tutti gli aerei italiani devono far rotta su Nicosia, Derna, Tobruch e El-Adem. La man-

---

[57]Ibid.

cata osservanza di questo ordine, o di qualsiasi ordine che potrò dare in futuro, sarà considerato atto che viola i termini dell'armistizio accettato dal comandante supremo italiano e pregiudicherà il vostro futuro trattamento.

Alle 19,45 venne trasmesso dall'EIAR il comunicato registrato da Badoglio:

Il governo italiano, riconosciuta l'impossibilità di continuare l'impari lotta contro la soverchiante potenza avversaria, nell'intento di risparmiare ulteriori e più gravi sciagure alla Nazione, ha chiesto un armistizio al generale Eisenhower, comandante in capo delle forze alleate anglo-americane. La richiesta è stata accolta. Conseguentemente *ogni* atto di ostilità contro le forze anglo-americane deve cessare da parte delle forze italiane in ogni luogo. Esse però reagiranno a eventuali attacchi da qualsiasi altra provenienza.

In concomitanza con l'armistizio e lo sbarco a Salerno gli alleati effettuarono il massiccio bombardamento di Frascati, effettuato con l'intenzione di assassinare il Feldmarescialco Kesselring, che risiedeva a Villa Mondragone e decapitare le Forze Armate tedesche in Italia.
Nella cittadina laziale erano presenti circa 3.000 militari e ausiliari tedeschi. Pur costituendo un obiettivo sensibile Frascati era dotata di una difesa contraerea piuttosto inefficace, soprattutto contro bombardamenti massicci.
L'otto settembre 1943 a Frascati si celebrò la festa della Natività della Madre di Dio. L'icona della Madonna *Refugium Peccatorum*, conservata nella Chiesa del Gesù, era stata trasferita dal primo settembre alla vicina Cattedrale di San Pietro per chiedere la fine della guerra attraverso un settenario di preghiere di intercessione. Già nel 1918 l'icona della *Salus Infirmorum*, custodita nella chiesetta della Sciadonna limitrofa al cimitero, era stata esposta nella Cattedrale per due mesi, al termine dei quali cessò un'epidemia di spagnola ed ebbe termine la Grande Guerra. Questa volta, scaduti i sette giorni, l'immagine è violentemente distrutta dalle bombe che colpiscono la cattedrale sulla navata sinistra poco dopo il mezzogiorno, proprio mentre numerose persone erano raccolte nell'area[58].
Le bombe, scendendo dalla Villa Aldobrandini verso il centro urbano e quindi verso la via Tuscolana, distrussero nella zona numerosi palazzi civili, il santuario delle Scuole Pie, l'intera Cattedrale di San Pietro ad eccezione della facciata aprendo anche una voragine nella piazza, e l'adiacente Seminario Tuscolano, risparmiando la fontana sulla piazza, e in quella adiacente la Chiesa del Gesù.
I 12.000 volumi della Biblioteca Eboracense istituita dal cardinale Edoardo Stuart, duca di York, si salvarono perché, come per la Biblioteca dell'Abbazia di Montecassino, vennero trasferiti al Vaticano dalle camionette dei soldati tedeschi, aiutati dai frati cappuccini, per ordine di Kesselring.
La popolazione, da mesi segnata dalle restrizioni economiche e alimentari e sovrappopolata per l'afflusso di cittadini romani, ora sconvolta dai bombardamenti improvvisi, venne soccorsa in un primo tempo proprio dai soldati tedeschi, che in quell'esatto momento erano in gran numero seduti alla Cantina Antico Sempione, destinata anch'essa alla distruzione come i tre quarti della città[59].
Si contarono circa 6000 vittime su una popolazione di 11.763 abitanti, oltre a numerosi soldati tedeschi. Villa Mondragone non venne colpita.

---

[58] Notizie tratte da C. Comandini, *La storia e i giorni. Le bombe su Frascati e la distruzione di Tuscolo*, consultabile su https://www.scritture.net/mag/storia-bombe-frascati-distruzione-tuscolo/
[59] Ibid.

A causa del bombardamento e dei cadaveri rimasti tra le macerie, Frascati rischiò di scomparire dalla faccia della terra, poiché i tedeschi, per paura di epidemie e dopo averla dichiarata "zona infetta" avevano intenzione di "bonificarla" con i lanciafiamme. Gli abitanti guidati da monsignor Budellacci, lavorarono incessantemente per estrarre i corpi delle vittime dalle macerie e dare loro degna sepoltura.

Il tessuto urbano della città fu danneggiato per circa il 90%. Gli sfollati furono circa 7.000, molti rifugiano nel reticolo di grotte che caratterizza il sottosuolo della città, alcuni ripararono presso le rovine del Tuscolo. Tutto ciò per uccidere un solo uomo, lo ripetiamo, e probabilmente con la complicità del governo italiano che aveva fornito in sede di armistizio le coordinate per colpire il Quartier Generale di Kesselring, che in seguito alla distruzione di Frascati si trasferì nei bunker del Monte Soratte a nord di Roma.

Lo affermò a chiare lettere il Maresciallo Rodolfo Graziani:

> Io accuso Badoglio! È stato, insieme con la Casa Savoia, un uomo di nome Badoglio, che ha tradito i nostri alleati germanici e nipponici. Egli ha ingannato anche tutto il popolo italiano. Il Maresciallo Badoglio dopo avere sino all'ultima ora del giorno 8 Settembre assicurato sulla continuazione della guerra – e tutto questo quando già l'armistizio era stato firmato dal 3 Settembre – ha lasciato che gli anglo-americani completassero la distruzione di Napoli ed attuassero quella di Frascati. Compiuta quest'ultima azione- i seimila, dico seimila morti di Frascati lo accusano!- la notte sul 9 è fuggito ignominiosamente.
>
> Rodolfo Graziani.

Di fronte a questa gravissima situazione - un'invasione alleata e la resa italiana allo stesso tempo, Kesselring e Vietinghoff improvvisarono rapidamente.

Kesselring, che aveva già predisposto i suoi piani, inviò il segnale in codice *ritirate il raccolto* a tutte le unità tedesche, e queste passarono subito all'azione disarmando le truppe italiane

Il comandante della divisione *Granatieri di Sardegna* Gioacchino Solinas, l'unico generale che difese con le armi la Capitale, aderendo poi alla Repubblica Sociale, scrisse:

> Insomma mentre gli italiani - comandi e truppe - dormivano o sonnecchiavano e negli altissimi comandi ci si perdeva in discussioni logorroiche e in bizantinismi confidando forse nello "stellone" d'Italia o nella invincibilità e sacralità di Roma, i tedeschi agivano fulmineamente con azioni studiate e preordinate in ogni dettaglio. Appena avuta notizia dalle radio straniere (Londra e Algeri) e dall'agenzia Reuter della conclusione dell'armistizio, essi saltarono addosso alla *Piacenza* e alla 220ª costiera mettendole fuori combattimento, disarmandole, catturandole e concentrandole come autentici greggi. Altrettanto è avvenuto in ogni altra parte d'Italia e fuori ove si trovavano truppe italiane e tedesche. A guerra finita gli italiani grideranno al proditorio attacco tedesco, all'inganno e altre simili facezie, quasi che la guerra non si fosse sempre fatta con gl'inganni, le astuzie e gli stratagemmi di ogni genere e mai con la ingenuità. Accampare la slealtà nemica e il mancamento agli accordi presi o alla parola data per giustificare la propria inazione o codardia non è solo da ingenui ma da inetti e da "fessi". La lealtà si può invocare tra due gentiluomini, non tra due eserciti in lotta in cui ogni mezzo, compreso l'inganno, è ammesso e lecito pur di vincere o di non farsi sconfiggere. Tanto più quando uno di questi eserciti in lotta crede di essere stato tradito dal nuovo nemico che improvvisamente si trova di fronte[60].

---

[60] G. Solinas, *I Granatieri nella difesa di Roma*, nuova ed. Roma 2015, pp. 47-48.

Con l'aiuto di Westphal e del generale Kurt Student, Kesselring riuscì a persuadere il Comando Supremo a deporre le armi ed a dichiarare Roma città aperta il 10 settembre 1943, dopo una breve, strenua difesa da parte di una sola delle divisioni presenti a Roma, la *Granatieri di Sardegna*
Annotò nel proprio diario il Maresciallo d'Italia Enrico Caviglia, l'ufficiale più alto in grado rimasto a Roma:

> La battaglia della via Ostiense, dalle prime notizie che giungono, sembra sia stata ben poco gloriosa per i nostri, fra i quali soltanto i granatieri e i carabinieri si sono battuti bene e senza paura. Ma altrettanto poco onorevole è stato per i tedeschi l'ingresso in città, accompagnato da indicibili episodi di grassazione, di saccheggio e di violenza, contro inermi cittadini. È vero che loro cercano di giustificarsi adducendo l'ostilità della popolazione, ma non è rubando automobili, biciclette, orologi, borsette che si combatte.[61].

Anche Vietinghoff, usando la diplomazia, riuscì a effettuare gli stessi accordi nel sud. Kesselring, riuscì a evacuare la Sardegna l'8 settembre e la Corsica il 12 settembre, in questo caso affrontando la decisa reazione italiana ad Ajaccio e Bastia.
Qui si pone la questione della *fuga* del re, di Badoglio e dello Stato Maggiore da Roma a Ortona; se fuga si può definire l'attraversare l'intera penisola dal Tirreno all'Adriatico, senza nascondersi, ma in divisa (tranne Badoglio, in borghese), con automobili recati i guidoni di grado, compresa la corona reale, percorrendo la via Tiburtina Valeria venendo salutati militarmente ai posti di blocco tedeschi e fascisti – a Tivoli era accampata la Divisione Corazzata Legionaria *Centauro* 2, già Divisione Corazzata "M", la Guardia del Duce, che aveva puntato, all'atto dell'armistizio i suoi cannoni *Flak* da 88 mm in direzione di Roma, contro gli italiani, e non contro i tedeschi[62] – senza che nessun soldato tedesco muovesse un dito per arrestare il re, lo Stato Maggiore ed i ministri: si trattava di un percorso di 250 chilometri lungo la Tiburtina, da Roma al porto di Ortona, percorso da un corteo di automobili con a bordo più di 200 persone, tra cui il re, la regina e il principe di Piemonte compresi. Lo stesso Umberto di Savoia si chiese perché non fossero mai stati fermati, benché fossero stati incontrati numerosi posti di blocco tedeschi. Il convoglio venne fermato quattro volte dai tedeschi: ogni volta venne pronunciata la frase *ufficiali generali* e la colonna venne fatta proseguire. Ripetiamo che le automobili recavano i guidoni e che tranne Badoglio tutti erano in uniforme: e ciò mentre intorno a Roma si combatteva dalla sera precedente.
Se a ciò si aggiungono le circostanze della liberazione di Mussolini a Campo Imperatore il 12 settembre, durante la quale vi fu un solo morto, un milite forestale ad Assergi, ma al di là delle bombastiche e ridicole descrizioni dello Skorzeny i tedeschi non solo non disarmarono carabinieri e guardie di Pubblica Sicurezza, ma fraternizzarono con loro, co-

---

[61] Sugli aspetti militari della difesa di Roma si veda l'ottimo lavoro di E. Cataldi, R. di Nardo, *La difesa di Roma e i granatieri di Sardegna nel settembre 1943*, Roma 1993, che fa giustizia di leggende quali la partecipazione di civili agli scontri, partecipazione che semplicemente non vi fu. A difendere Roma furono esclusivamente i militari.
[62] Il 3 settembre 1943 nel corso di un rapporto tenuto dal generale Carboni, il generale Calvi di Bergolo affermò esplicitamente che
... In caso di emergenza, una emergenza facilmente intuibile dopo l'esame della situazione fatta dall'Eccellenza Carboni, sulla Centauro *si potrà fare un assegnamento relativo. La* Centauro *è pronta a sparare contro gli angloamericani e i comunisti, ma contro i tedeschi non aprirà mai il fuoco.*
Sulla Divisione CCNN Corazzata "M", si veda P. Romeo di Colloredo, *Camicia Nera! Storia militare della Milizia Volontaria per la Sicurezza Nazionale dalle origini al 25 luglio*, Bergamo 2017, pp. 175 segg.

me si vede nelle fotografie in cui italiani armati e raggianti e tedeschi circondano uno stranito Mussolini, viene naturale pensare ad un qualche accordo tra Kesselring e gli italiani. Particolarmente significative in merito sono alcune dichiarazioni dell'*Obersturbannführer* Dollmann pubblicate nel numero di novembre-dicembre 2009 di "Nuova Storia Contemporanea", in cui è stato pubblicato il carteggio di Dollmannn e di una testimonianza dell'ingegner Franco Manaresi, dai quali emerge il ruolo determinante svolto nella vicenda di Dollmannn. In questo documento si evidenzia come il colonnello tedesco avrebbe avuto l'idea di uno scambio con i vertici italiani: ne era informato il solo Kesselring, che aderì all'idea, mentre né Hitler né l'ambasciatore Rahn e Wolff ne vennero informati.

Particolarmente importante è il passo in cui l'*Obersturbannführer* sostiene che Kesselring non solo fosse al corrente della fuga del re, ma che fu proprio il Feldmaresciallo a permetterla:

> Kesselring era al corrente della fuga da Roma a Brindisi. Questo avvenne su mia iniziativa. I Reali passarono attraverso le linee tedesche, perché tutto questo terreno da Roma a Brindisi era in mano nostra. I Reali non potevano passare se i nostri non erano avvisati. Io non avevo informato Berlino. Questo ho fatto solamente da solo con Kesselring. Io non ho informato né Wolff (capo della polizia) né Rahn (facente funzione di ambasciatore) né altri miei superiori[63].

Se è vero quanto sostenuto da Dollmann, fu evidentemente Kesselring che ordinò ai reparti dipendenti di non fermare il convoglio reale; e probabilmente fu Kesselring, con quel *Junkers Ju 88* che a lungo sorvolò la mattina del 10 la corvetta *Baionetta*, a far controllare che la *fuga* del re a Brindisi procedesse senza problemi[64].

Del resto, che ciò fosse avvenuto, lo ipotizzò anche il comandante della divisione *Granatieri* Solinas:

> È stato scritto che Ambrosio, pur di salvare la vita a sé e agli altri che fuggirono a Pescara, si fosse accordato con Kesselring di non molestarsi a vicenda, di ignorarsi. Si tratta di una congettura, non provata né provabile da fonti attendibili. Ambrosio era incapace di un simile baratto; è però certo che aveva perso la testa, o per incapacità a tenerla attaccata al collo, o per ingenuità nei confronti dei tedeschi, o per tremenda paura dei medesimi; o, forse, per tutte queste ragioni messe insieme[65].

Nel frattempo, dopo alcuni giorni di scontri tra i tedeschi e in pratica la sola divisione Granatieri di Sardegna, Kesselring aveva ottenuta la resa di Roma in maniera poco meno che incruenta.

Alle ore 17:00 del 9 settembre presso il comando della Divisione Corazzata *Centauro* II , come era stata ribattezzata quella che che sino a luglio era stata la Divisione Corazzata Camicie Nere *M*, si presentò l'*Hauptmann* Schacht , latore di un messaggio verbale da parte del generale Student, Comandante del XI. *Fallschirm-Korps* tedesco che comunicava al tenente colonnello Leandro Giaccone, capo di S.M. della Divisione, il seguente

---

[63]Cit. in F. Perfetti, *Prefazione*, in E. Dollmann, *La calda estate del 1943*, Roma, 2012.

[64]Kesselring rimase sempre legato a Dollmann; nella prefazione al suo libro *l'eroe della paura*, pubblicato in Italia da Longanesi nel 1955, il Feldmaresciallo scrisse: *Eugenio Dollmann rappresenta esattamente il contrario di tutto ciò che il mondo è abituato ad associare al nome di SS, egli è stato l'uomo che, coi suoi soli mezzi ed entro i limiti a lui imposti, ha fatto di tutto per dare alla guerra un volto umano, e si deve riconoscere che in parte vi è riuscito.*

[65]Solinas, op. cit., p.44

messaggio: "

> La *Centauro* è armata con armi tedesche, è stata istruita da istruttori tedeschi, è formata da gente che ama la Germania. Finora i tedeschi hanno fatto l'impossibile per evitare un contatto con questa divisione. E' inutile spargere sangue fraterno tanto più che Roma non è difendibile. La Centauro deponga le armi; il generale Student promette di lasciare andare tutti a casa, e concede alla bandiera e agli Ufficiali-li l'onore delle armi.

Il generale Calvi di Bergolo, Comandante la Divisione, riferì la proposta al generale Carboni, rintracciato a Tivoli, il quale ritenne la proposta accettabile se estesa a tutte le truppe in Roma. In conseguenza di ciò il ten.col. Giaccone si recò si recò a Frascati per conferire direttamente con il Maresciallo Kesselring. La discussione iniziò in tarda serata e durò fino alle 01.30 del 10 e vennero stabiliti i seguenti termini di resa:
- Roma sarebbe stata dichiarata "città aperta";
- I tedeschi si impegnavano a mantenere fuori da Roma le loro truppe secondo un grafico che Giaccone riportò con sé; chiedevano però di occupare l'ambasciata germanica, la sede dell'EIAR e la centrale telefonica tedesca al Viminale;
- A Roma sarebbe stato istituito un Comando italiano per l'ordine pubblico, con al suo comando una divisione senza artiglieria e le forze di Polizia;
- Le truppe delle altre divisioni sarebbero state collocate in licenza illimitata, previo versamento delle armi e dei materiali.

Giaccone rientrò a Tivoli con la proposta di Kesselring che Carboni giudicò "accettabilissima", anche se di fatto si trattava di una resa senza condizioni.

Il Carboni si giustificò successivamente dicendo che accettò di discutere le condizioni di resa al fine di non far spostare le divisioni di Kesselring verso Salerno, dove il giorno prima erano sbarcati gli alleati.

Il ten. col. Giaccone veniva inviato alle 07:00 del 10 al Quartier Generale del Maresciallo al fine di stenderle per iscritto; veniva, inoltre, stabilita una tregua d'armi dalle 07:00 alle 10:00.

Nella mattinata del 10 Kesselring richiese di aggiungere un Comando germanico in Roma che rendeva nullo, di fatto, la clausola di Roma "Città Aperta". Le discussioni procedettero e si conclusero con un *ultimatum* da parte di Kesselring: o gli italiani avrebbero firmato la resa per le 16:00 del 10 o i tedeschi avrebbero proceduto a bombardare Roma e a far saltare gli acquedotti.

Giaccone, ricevuto l'ultimatum germanico rientrò precipitosamente a Roma da Frascati (nel mentre i tedeschi attaccavano furiosamente i Granatieri alla Montagnola in totale spregio della tregua d'armi). Carboni, come già visto, rientrava a Roma e conferiva con il Ministro della Guerra Sorice che gli faceva cambiare idea sulle condizioni di armistizio ed emanando gli ordini operativi per *Ariete* 2, *Piave* e per la difesa a Porta S.Paolo). Contattato telefonicamente da Giaccone dichiarava che le nuove condizioni tedesche divenivano "*inaccettabili*". Suggeriva, infine, di recarsi dal Ministro Sorice per istruzioni. Sorice dichiarava di essere un mero *organo amministrativo* e, quindi, non abilitato a decisioni politiche, ci si rivolgesse al Maresciallo Caviglia, come detto la più alta autorità militare presente in Roma.

Il Maresciallo Caviglia, presente casualmente in Roma in quei giorni, si era messo a disposizione del sovrano, nello sbandamento generale, per dare continuità all'azione di governo in Roma. Arrivato nel frattempo dal suo comando di Tivoli, convocato da Carboni il generale Calvi discusse con Caviglia e Giaccone sul da farsi: il vecchio Maresciallo suggerì di accettare l'accordo e di cedere alla violenza, non essendoci altra alternativa.

Alle 14:00 Calvi e Giaccone si incontrarono con Sorice e Carboni a Palazzo Caprara per prendere la decisione finale. Sia Carboni che Sorice affermarono di non fidarsi dei tedeschi e che, comunque, le condizioni di Kesselring non erano accettabili. La situazione diventava sempre più grave, si odono colpi di cannone, raffiche di armi automatiche- si stava combattendo alla passeggiata archeologica, tra le Terme di Caracalla ed il Colosseo- il timore della minacciata rappresaglia incombeva.

Si decise di firmare: ma nessuno voleva apporre la propria firma su un documento poco onorevole e, soprattutto, che avrebbe compromesso "*il futuro politico*" di chi lo avrebbe firmato. Alla fine stanco del traccheggiamento dei suoi superiori, Giaccone, che era il più basso in grado, si offrì volontariamente e tutti plaudirono al coraggioso sacrificio. Alla tragedia si aggiungeva la farsa.

Il generale Calvi di Bergolo venne nominato da Sorice Comandante del costituendo Comando di Roma Aperta.

Alle 15.30 il tenente colonnello Giaccone partì da Roma per raggiungere il comando di Kesselring a Frascati, giungendovi alle ore 16.30 e procedendo alla firma della resa.

Nonostante ciò i combattimenti tra paracadutisti e granatieri proseguirono fino alle 20. Più tardi, a Palazzo Caprara, il colonnello Montezemolo espose ai capi di Stato Maggiore delle divisioni i termini dell'accordo; emerse chiaramente che, a parte le divisioni *Ariete 2*, *Piave*, *Granatieri*, *Centauro 2* (che peraltro era apertamente favorevole ai tedeschi, essendo formata da Camicie Nere e che aveva puntato i propri pezzi da 88 in direzione di Roma) tutto il resto si era ormai sbandato. Le truppe ancora non sbandate rientrarono nelle loro rispettive caserme in attesa di ordini dal Comando Roma Città Aperta.

Ritenendo che l'approccio di Kesselring nel trattare con gli italiani fosse un'ulteriore indicazione delle sue tendenze italofile, l'OKW lo criticò severamente.

L'atteggiamento assunto da Kesselring e Rommel verso gli italiani dopo l'otto settembre fu ben diverso: Rommel catturò il maggior numero possibile di militari italiani inviandoli in Germania, mentre Kesselring, pur emanando ordini draconiani per far rispettare l'ordine, preferì disarmare le truppe italiane rimandandole alle proprie case, e creando così assai meno risentimenti rispetto a quanto avvenne nel nord della penisola. La mancanza di un movimento partigiano degno di questo nome nel settore controllato dal Feldmaresciallo bavarese è stata spiegata anche con la diversità di atteggiamento dopo l'armistizio.[66]:

> [Rommel] catturò spietatamente e deportò in Germania chiunque non collaborasse immediatamente con i tedeschi, provocando un'ostilità che si sarebbe manifestata in futuro. Gli italiani che non vennero presi nascosero le proprie armi, o fuggirono sui monti con esse[67].

A conferma di ciò si legga ciò che scrisse Solinas:

> Nel percorrere il giardino prospicente l'ambasciata [tedesca] vedo una moltitudine di civili e militari italiani, fra cui taluni ufficiali, in riga con gavette e piatti, in mano per prendere il rancio. Mi si avvicina il maggiore Santucci, che conoscevo bene, dicendomi: «Ci hanno preso ieri sera per la strada dopo l'armistizio, ci hanno tolto la pistola e siamo

---

[66]Bitner, p. 26
[67]Macksey, op. cit., p. 178.

qua rinchiusi e senza mangiare da più di ventiquattrore. Dicono che ci porteranno in un campo di concentramento o a lavorare in Germania». Torno indietro indignato dalla segretaria di Stahel, la quale non mi riceve limitandosi a rispondermi, da una finestra in tono beffardo; «*Ja, Jawohl*, li lasceremo liberi i vostri Granatieri». Seppi poi che molti fra coloro che si trovavano rinchiusi nella caserma e nell'ambasciata erano riusciti ad ottenere un lasciapassare e a raggiungere le rispettive famiglie sfuggendo in tal modo sia al campo di concentramento che alla non meno dura sorte riservata a tanti altri che, volenti o nolenti, furono in seguito mandati nel Nord Italia[68].

Probabilmente a tale atteggiamento di Kesselring si deve se molti ufficiali e Granatieri, compreso lo stesso Solinas, aderirono alla R.S.I. Sangster scrive a sua volta:

> The Germans were fortunate there was no serious backlash because the Italians were a substantial force and armed. Rommel demanded that Kesselring should have dispatched all Italian soldiers to Germany for manpower. This ruffled Kesselring's feathers as Rommel was acting as his superior. As it was, in North Italy many Italian soldiers deserted en masse, so later the partisan war found both men and arms because of Rommel's failure to collect in the weapons. According to an Italian historian, 'Kesselring's decision to disarm Italian soldiers and allow them to go home meant that Italian resistance was mainly focused in north-west Italy, in the area under Rommel's control'[69]. Nevertheless, Kesselring's political and military measures clearly indicate a rapidly changing attitude towards his ex-Allies; the level of ruthlessness grew from this time[70].

Quale fosse il concetto di onore militare del Feldmaresciallo lo si vide in occasione della consegna delle armi da parte dei Granatieri di Sardegna, quando venne deciso in modo decisamente umiliante di disarmarli dopo averli radunati presso Bagni di Tivoli; Solinas protestò e Kesselring ordinò che avvenisse presso i capisaldi tenuti dalla *Granatieri* prima dei combattimenti per Roma, che così risultarono non conquistati:

> Il giorno 13 settembre si presentano al mio comando il capitano Reichtert della *Luftwaffe* e un sergente altoatesino che funge da interprete, invitandomi a trasferire tutta la divisione nella zona delle acque Albule (pressi di Tivoli) per effettuare il "disarmo". Dice che nessun'arma e nessun mezzo bellico debbono essere sottratti o distrutti, altrimenti avrebbe obbedito agli ordini tassativi e severissimi impartiti dal maresciallo Kesselring. Faccio presente che avrei consegnato le armi nelle caserme dei reggimenti; egli ribadisce che non ammetteva deroghe agli ordini ricevuti. A mia volta gli ripeto che non darò disposizioni perché la divisione si porti in quel di Tivoli. Di fronte alla mia ferma presa di posizione il Reichtert si allontana per prendere ordini. Ritorna poco dopo, dicendo che è stato accordato che il disarmo avvenga per singola compagnia nei rispettivi capisaldi (cioè nelle posizioni in cui le truppe si trovavano al momento dell'armistizio). E così è stato fatto[71].

Un tratto di *politesse* militare degno più dell'epoca federiciana che della Seconda Guerra Mondiale.
Poi venne il momento delle scelte. Citiamo ancora il difensore di Roma:

---

[68] Solinas, op. cit., pp. 81-82.
[69] Il riferimento è a P. P. Battistelli, *Albert Kesselring*, Oxford 2012, p.57.
[70] Sangster, op. cit., p. 153.
[71] Solinas, op. cit., p. 82.

Poi, per me e per tantissimi altri, avvenne un dramma di coscienza; a quale delle due Italie e dei due governi che di fatto esistevano in quel momento bisognava dare la nostra opera di soldati? Non certo alle Italie governate dalle fazioni ma all'Italia una dalle Alpi alla Sicilia. Feci anch'io la mia scelta e ancora non so dire se giusta o sbagliata; lo dirà la storia. Se sbagliata, ho pagato. Ma allora ed ora la coscienza mi ha sorretto e mi sorregge perché ho operato solo al servizio e per il bene dell'Italia[72].

Uno dei maggiori successi tedeschi dopo l'armistizio italiano fu l'affondamento dell'ammiraglia della Regia Marina, la corazzata *Roma*, ammiraglia della marina italiana.
a Corazzata *Roma* era una nave da battaglia appartenente alla classe *Littorio*, tra le migliori corazzate del secondo conflitto mondiale.
Costruita dai *Cantieri Riuniti dell'Adriatico* e consegnata alla Regia Marina il 14 giugno 1942, fu danneggiata da un bombardamento aereo statunitense quasi un anno dopo, mentre era alla fonda alla Spezia.
A causa dei danni subiti in tale circostanza, la *Roma* tornò operativa solamente il 13 agosto 1943
La notte tra l'8 ed il 9 settembre le Squadre navali italiane ancorate a La Spezia e a Genova ricevettero l'ordine di salpare per sfuggire ai tedeschi che avrebbero potuto occupare i porti.
Nella notte, alle ore 2.25 del 9 settembre, la flotta agli ordini dall'ammiraglio Carlo Bergamini lasciò il Golfo di La Spezia diretta a La Maddalena e, passando a Nord di Capo Corso, si riunì, alle ore 6.30, all' VIIIa Divisione incrociatori, partita da Genova, che inquadrava gli incrociatori *Garibaldi*, *Duca d'Aosta* e *Duca degli Abruzzi*.
Al centro della formazione erano le tre corazzate *Roma*, *Vittorio Veneto* e *Italia* (ex *Littorio*) costituenti la IXa Divisione corazzate, a sinistra e a dritta le due divisioni incrociatori e le due squadriglie di cacciatorpediniere.
Alle ore 9.00 la formazione fece rotta per 218°, accostò per rotta Sud, passando a ponente della Corsica.
Alle ore 10.00 venne avvistato un ricognitore britannico che fece alcuni larghi giri sulla formazione e si allontanò. Alle 10.29 fu avvistato un secondo ricognitore.
Poco dopo mezzogiorno in vista dell'Asinara la formazione assunse la linea di fila con i sei incrociatori in testa e i cacciatorpediniere ai fianchi delle corazzate.
Una squadriglia di cacciatorpediniere ricevette l'ordine di entrare in porto a La Maddalena, ma l'ordine venne annullato alle ore 14.45 da *Supermarina* che comunicò che La Maddalena era stata occupata dai tedeschi. L'inversione di rotta delle unità navali fu immediata.
Alle ore 15.10, al largo dell'Asinara, in cielo apparve la prima di tre ondate di 15 bombardieri bimotori tedeschi *Dornier* DO-217 K2 appartenenti al *Kampfgeschwader* 100 al comando del *Major* Jope, decollati dall'aeroporto di Istrés presso Marsiglia. Gli aerei scanciarono bombe *Ruhrstahl* SD 1400 radiocomandatela cui forza di penetrazione era conferita dall'alta velocità acquistata in caduta, essendo prescritto il lancio da un'altezza non inferiore ai 5000 metri. La SD 1400 era munita di un apparecchio ricevente ad onde ultracorte trasmesse dall'aereo, che permetteva di dirigerla verso il bersaglio e che sarebbe potuto essere contrastato solo con disturbi radio, poiché a 6500 metri anche per gli ottimi pezzi da 90/50 della *Roma*, gli aerei sarebbero stati irraggiungibili una volta avvicinatisi alla nave e superato il massimo angolo di elevazione di 75°. Le navi aprirono il

---

[72]Ibid. p.92.

fuoco contro gli aerei che volavano a quota 6-7 mila metri d'altezza, ma senza risultato.
Alle ore 15 e 47 la corazzata *Roma* fu colpita due volte. La prima bomba cadde tra i due complessi da 90 di dritta (n.9 e n.11) a un metro dalla murata, trapassando lo scafo e causando una grossa falla, e scoppiò in mare. L'esplosione bloccò due delle quattro eliche sistemate a poppa. ciò che provocò l'immediata caduta della velocità della nave sotto i 16 nodi.; quattro caldaie poppiere e le relative macchine si allagarono. Una seconda bomba colpì la *Roma* alle 15.52 fra il torrione di comando, vicinissimo al fumaiolo di prora, e la torre n.2 di grosso calibro.
La bomba perforò il ponte corazzato, il locale turbodinamo e scoppiò nel locale motrice di prora.
La torre 2 venne proiettata in mare; erano 2000 tonnellate di acciaio che vennero strappate violentemente dalla nave. La corazzata *Roma* si fermò, sbandando di 10 gradi a dritta; le fiamme raggiunsero il deposito di munizioni di prora e la santabarbara che esplosero.
La grande nave, orgoglio della Marina Militare italiana, 46000 tonnellate di stazza, si spezzò in due e affondò rapidamente trascinando con sé 1393 marinai di cui 1193 dell'equipaggio della nave e 200 del Comando Forze Armate da Battaglia presenti a bordo della *Roma*, tra cui l'ammiraglio Carlo Bergamini, il contrammiraglio Stanislao Caraciotti, il comandante della nave C.V. Adone Del Cima e ottantacinque ufficiali.

Il 9 settembre la *Royal Navy* sbarcò a Taranto 3600 uomini della 1ª divisione aviotrasportata britannica (operazione *Slapstick*), e la grande base navale cadde intatta in mano alleata: ma del resto Kesselring non aveva alcuna intenzione di difenderla, avendo i propri interessi strategici più a nord.
Lo stesso giorno cominciava lo sbarco a Salerno.
Nelle prime ore del mattino di giovedì 9 settembre ebbe inizio l'operazione *Avalanche*.
La forza d'invasione era costituita dalla 5a Armata americana, comandata dal generale americano Mark Wayne Clark, e comprendeva il 10° Corpo d'armata britannico, comandato dal generale Richard L. McCreery, e il 6° Corpo d'armata statunitense, comandato dal generale Ernest J. Dawley.
La flotta destinata all'invasione, formata da circa 450 imbarcazioni era stata avvistata dalla Luftwaffe, e dunque Kesselring era consapevole di uno sbarco imminente, anche se permaneva l'incertezza intorno alla località prescelta per lo sbarco. Tutte le unità tedesche erano in stato di allerta, ma non erano certamente in grado di difendere ogni possibile punto di sbarco.

Kesselring non si lasciò impressionare dallo sbarco a Salerno e incaricò il generale Vietinghoff di contenere le teste di sbarco quanto bastava perché giungessero le unità tedesche provenienti da sud.
Vietinghoff affidò quindi tale compito alla 16ªdivisione Panzer, che il 10 settembre fu concentrata contro il 10° Corpo inglese e ne bloccò ogni ulteriore progresso. L'Ottava Armata era lontana ancora 190 chilometri e per di più Montgomery aveva deciso proprio il 9 settembre di arrestare l'avanzata per due giorni, allo scopo di far riposare e rifornire adeguatamente le truppe, ma concedendo così ai tedeschi tempo prezioso per organizzare un contrattacco a Salerno
Il 13 settembre il generale Vietinghoff lanciò un contrattacco in piena regola. La divisione *Hermann Göring* e la 15. *Panzergrenadier* attaccarono il fronte del 10° Corpo, mentre elementi della 16. e 26. *Panzer* e della 29. *Panzergrenadier* si lanciarono contro il 6° Corpo.
Nel pomeriggio del 13 settembre i tedeschi sfondarono le linee americane, annientando

un battaglione della 36ª divisione *Texas* e minacciando le spalle dello schieramento. La situazione si fece così critica che Clark ordinò al suo stato maggiore di pianificare un'evacuazione delle truppe per sbarcarle poi nel settore sull'altra riva del Sele. Tuttavia gli americani riuscirono a imbastire una valida resistenza lungo le rive del torrente Calore, mentre i reparti anticarro riversavano tutto il fuoco sui Panzer nemici. Durante la notte gli attacchi tedeschi diminuirono d'intensità, e gli Alleati cominciarono a riordinarsi.

Per tutta la giornata del 14 settembre i tedeschi attaccarono l'intero fronte alleato, cercandone il punto debole per sfondare, ma i loro sforzi si rilevarono infruttuosi.

Bombardieri pesanti alleati, momentaneamente dirottati dai loro obiettivi in Germania, bombardarono le unità tedesche, le linee di rifornimento e le aree di concentramento. Alla sera del 14 settembre, con adeguati rifornimenti sbarcati e con rinforzi in arrivo, la crisi era stata superata.

Kesselring ordinò un ultimo sforzo contro le teste di ponte. Il 15 e il 16 i tedeschi attaccarono ancora coraggiosamente, ma alla fine apparve chiaro che ormai gli Alleati non potevano più essere ricacciati in mare.

Kesselring ordinò allora di effettuare azioni di contenimento che proteggessero l'ordinato ripiegamento delle truppe verso nord.

Kesselring aveva dimostrato come si poteva combattere una guerra difensiva nell'Italia centrale.

Vietinghoff riuscì a contenere la testa di ponte a Salerno ed a creare una situazione piuttosto stabile. Con forze esigue aveva costretto gli angloamericani a restare sulla difensiva per otto interi giorni, malgrado la loro superiorità aerea e l'appoggio delle artiglierie della flotta da guerra.

Vietinghoff era nato a Magonza il 6 dicembre 1887 e nel 1898 entrò nell'esercito come allievo ufficiale. Il 6 marzo 1906 all'età di sedici anni, divenne sottotenente nell'esercito prussiano e, un anno dopo, il 27 gennaio 1907 tenente nel 2° Reggimento Granatieri della Guardia.

Allo scoppio della prima guerra mondiale fu promosso *Truppenoffizier* e, nel 1915, capitano presso lo Stato Maggiore generale del comando dell'esercito. Nel 1919 entrò nella *Reichswehr* e nel 1921 divenne comandante di compagnia nel 9. *Infanterie-Regiment*. Il primo marzo 1926 fu promosso maggiore e assegnato allo stato maggiore della 2. *Infanterie-Division* a Stettino.

Nel 1929 fu trasferito al Ministero della Guerra; dal primo febbraio 1931, col grado di tenente colonnello, ebbe il comando del I° Battaglione del 14. *Infanterie-Regiment*.

Il 1° aprile 1933 Vietinghoff fu promosso colonnello e dal febbraio 1934 fu posto a capo della *Abteilung Landsverteidigung* (forza di difesa civile); il 1° aprile 1936 fu promosso maggior generale e, due anni dopo, assunse il comando della 5. *Panzerdivision*, di nuova formazione, che guidò durante la campagna di Polonia nel settembre 1939. Dal 21 ottobre 1939 divenne comandante del XIII *Panzerkorps* e, in temporanea sostituzione del *Generaloberst* Model, comandò la 9. *Armee*. Dal 15 dicembre 1942 ebbe il comando della 15. *Armee* e il 15 agosto 1943 assunse quello della 10. *Armee* in Sicilia.

Nei primi giorni, la 10. *Armee* intorno a Salerno aveva sei divisioni. Sebbene Kesselring e Vietinghoff si rendessero conto di come la loro posizione intorno alla testa di ponte fosse insostenibile, a causa di un possibile avvolgimento da nord, erano anche consapevoli delle difficoltà incontrate nella testa di ponte dagli alleati, e erano pronti a sfruttare al meglio la situazione. Kesselring ordinò un ritiro verso nord in conformità con un ordine del Fuhrer emesso il 12 settembre 1943. Vietinghoff iniziò un abile sganciamento verso nord, dando a Kesselring il tempo di preparare un sistema di posizioni difensive a sud di Roma.

Intanto, al Quartier Generale di Kesselring a Frascati, in quegli stessi giorni si era consumata la tragedia del Maresciallo Ugo Cavallero, invitato da Kesselring ad assumere il comando dell'esercito della neonata Repubblica Sociale.
Nominato capo del governo, Badoglio aveva subito fatto arrestare Cavallero senza alcun capo d'accusa. Un'infamia, anche perché ne violò le prerogative di senatore del Regno. Ciò suscitò l'indignazione di Vittorio Emanuele III, che ne impose il rilascio immediato, ma Badoglio lo fece relegare a Palazzo Madama, sede del Senato, con scandalo del presidente della Camera Alta, Paolo Thaon di Revel, e, non pago, Badoglio lo fece nuovamente imprigionare col pretesto di una cospirazione contro il governo insieme a Farinacci ed ai tedeschi.
Recluso a Forte Boccea, Cavallero rilasciò – non sappiamo quanto spontaneamente – al generale Carboni dichiarazioni compromettenti (il cosiddetto *memoriale Cavallero*). Il 12 settembre venne liberato dai tedeschi di Kesselring. Quando abbandonò Roma, Badoglio finse di dimenticare sulla scrivania il *memoriale* nel quale Cavallero aveva sintetizzato la propria condotta: niente affatto prono alla Germania di Hitler, egli aveva tessuto una trama con Giovanni Visconti Venosta e l'industriale cartario Luigi Burgo, liberale, monarchico, senatore e suo *buon amico*, che gli mise a disposizione cento milioni di lire *per finanziare un eventuale movimento* volto a sganciare l'Italia dall'ingombrante alleato.
Lo stesso 12 settembre Mussolini fu prelevato da Campo Imperatore, sul Gran Sasso d'Italia, e portato in Germania per allestirvi un governo fascista. Con il "Memoriale" alla mano, la sera del 13 settembre Kesselring ospitò a cena Cavallero e, su mandato di Hitler, gli chiese di comandare le forze armate di un'Italia nuovamente a fianco della Germania.
La mattina del 14 il corpo del Maresciallo venne rinvenuto in giardino, riverso su una sedia di vimini, un foro alla tempia e una pistola a terra, sul lato destro. È stato detto che Cavallero era mancino, e che chi sparò non lo sapeva. Secondo Mussolini fu *suicidato dalla destra di Kesselring*. In realtà Cavallero era ambidestro ed è fuor di dubbio si sia tolto la vita in preda alla depressione. Kesselring volle per Cavallero solenni funerali e onori militari. Così Kesselring ricordò i tragici fatti nelle proprie Memorie:

> Cavallero fu mio ospite insieme con uno o due altri italiani. Arrivarono tutti in uno stato per me incomprensibile.
> Oggi che sono anch'io un ex prigioniero sono molto comprensivo. Cavallero mi abbracciò e mi baciò, un modo di salutare per me nuovo. In considerazione della loro agitazione mi limitai a dir loro che per la loro sicurezza sarebbe stato necessario inviarli temporaneamente in Germania. Sarebbero partiti in aereo nei prossimi giorni. Cavallero era assai preoccupato per sua moglie, che era seriamente malata e in ospedale. Mi pregò di permettergli di visitarla il giorno dopo, richiesta cui ovviamente acconsentii volentieri. Egli passò diverse ore al capezzale della moglie sotto la mia protezione personale, e mi travolse di ringraziamenti. Al pranzo del giorno dopo gli comunicai che avrei preso la moglie sotto la mia protezione personale e gli avrei inoltrate le loro lettere mentre sarebbe stato in Germania, dove si sperava non sarebbe restato a lungo. Gli comunicai che Hitler lo stimava moltissimo e che Mussolini lo avrebbe certamente proposto come suo nuovo Ministro della Guerra.
> Durante il pasto, Cavallero fu eccezionalmente cupo; attribuii ciò allo stress delle recenti settimane e alla separazione dalla moglie. Presto augurò la buonanotte e fu scortato da uno dei miei ufficiali nelle sue stanze. Di mattina presto io fui colpito dalla notizia che era stato trovato seduto in giardino, morto, lo sguardo fisso verso la Città Eterna. Ordinai subito un esame medico e legale, il cui verdetto fu conclusivo: si era tolto

la vita. I suoi amici italiani, tra l'altro, rdissero che aveva passata la notte camminando su e giù nella sua stanza e uscerdo in giardino alle prime ore del giorno.

Kesselring non ebbe certo, al di là delle chiacchiere scandalistiche, un ruolo nella morte di Cavallero, per cui provava simpatia umana e grande rispetto professionale; al processo di Venezia affermò con ammirazione che

> Egli era per me il modello del generale italiano, appassionato, attivo, fino al sacrificio di sé stesso. Egli ha sempre lavorato per la grandezza dell'Italia. Nel Maresciallo Cavallero io ravviso il generale preparato che sa vedere lontano, dotato di un'eccezionale capacità di comando. Egli era di gran lunga il migliore dei marescialli e dei generali a me noti [73].

Ma torniamo sul fronte meridionale. Il 16 e il 17 settembre, di fronte al diminuire della pressione tedesca sulla testa di ponte di Salerno, gli Alleati consolidarono definitivamente le loro posizioni e cominciarono ad allargare le teste di ponte
Mentre Clark e Montgomery riunivano le loro forze, Kesselring predisponeva una serie di linee di difesa lungo la penisola. La prima di queste (Linea Barbara) era la più improvvisata, costituita da una serie di fortificazioni campali, e correva lungo la linea del Volturno, una quarantina di chilometri a nord di Napoli. La Linea Barbara, partendo da sud di Vasto sull'Adriatico si ricongiungeva con la Linea Bernhard a Colli al Volturno per distaccarsene a Venafro e continuare a sud del fiume Garigliano, sino a terminare all'altezza di Mondragone sul Tirreno. La seconda linea difensiva era centrata sulla posizione di Mignano Monte Lungo, 80 chilometri a nord di Napoli e 145 a sud di Roma, e si estendeva dalla costa tirrenica fino alla linea del fiume Biferno. Essa divenne nota col nome di Linea Bernhard (o Reinhard); la linea Bernhard partiva dalla foce del Garigliano, passava per Mignano e proseguiva per Colli al Volturno. Toccava Palena e arrivava all'Adriatico. Qui gli americani il 15 novembre 1943, si trovarono a doversi fermare per l'aumento della resistenza tedesca che utilizzava ogni appiglio tattico per effettuare azioni di retroguardia con piccoli reparti di guastatori, che fecero saltare parecchi edifici lungo le vie di comunicazione utilizzando le macerie come ostacoli e blocchi stradali. Il punto di forza della Linea Bernhard, che precedeva di pochi chilometri a sud la Linea Gustav, era costituito dalla stretta di Monte Lungo, attraverso la quale passava la strada statale n°6 Casilina.

La terza linea difensiva era imperniata su monte Cassino e i corsi dei fiumi Garigliano e Rapido, e fu detta Linea Gustav; essa seguiva la più forte linea naturale d'Italia, lungo le pendici settentrionali delle montagne sulla riva destra del Garigliano: dalla foce del Garigliano fino al massiccio dominato dal monte Caira, e come contrafforte sudorientale monte Cassino, che dominava la valle del Liri e la Casilina, principale strada per Roma; da qui la Gustav proseguiva verso est, attraverso un terreno montagnoso e aspro lungo il fiume Sangro, dalla sorgente fino alla foce sull'Adriatico. Un'avanzata nemica lungo la costa adriatica avrebbe incontrato una serie di barriere naturali formate da profonde valli di montagna dove scorrevano torrenti che le precipitazioni autunnali e invernali avrebbero reso inguadabili, ed era quindi la direttrice meno invitante per un'offensiva alleata.
La Linea Gustav era un sistema difensivo fortificato con casematte e fortificazioni in grado di sostenersi a vicenda, ed era la più munita delle tre linee d'arresto germaniche nell'Italia centromeridionale; allo scopo di conferire maggiore profondità alla Gustav,

---

[73]. Kesselring, cit. in appendice a Ugo Cavallero, *Diario 1940-1943*, a cura di G.Bucciante, Roma 1984, p.727

furono aggiunte due cinture difensive: la prima costituita dalla già citata Linea Bernhard, davanti al Garigliano, e dietro di essa una linea d'arresto, nota agli Alleati come Linea *Hitler* (*Dora* per i tedeschi), che sbarrava l'uscita nordoccidentale della valle del Liri e terminava a Terracina.

La strategia di Kesselring, basata sull'arresto del nemico lungo le varie linee difensive, prevedeva una serie di azioni ritardanti, per attuare poi una difesa prolungata sulla Gustav, Kesselring concluse che il settore più facilmente minacciato era quello occidentale perché lo attraversavano le due vie principali che portavano a Roma: la statale 7, l'antica via Appia, fra il litorale tirrenico e i monti Aurunci, e la statale 6, la via Casilina, che correva lungo la valle del Liri. Nota per essere la principale linea difensiva di Kesselring sul fronte dell'Italia meridionale, la linea *Gustav* (o *Winterstellung*) corrisponde, in realtà, a una modificazione della precedente linea Bernhardt. Si estende dalla foce del fiume Garigliano, da sempre confine naturale tra sud e centro Italia sul versante tirrenico, alla città di Ortona, sull'Adriatico, a circa 25 km a sud di Pescara.

Il suo fulcro strategico era rappresentato da Cassino e dalla sua abbazia. La linea venne fortificata dai tedeschi con bunker, campi minati e ostacoli di varia natura, soprattutto nella stretta di Cassino. Vi erano, inoltre, numerosi impedimenti naturali: la catena montuosa degli Aurunci, i vari fiumi che, nel precoce e rigido inverno del 1943-44, si ingrossarono, divenendo quasi invalicabili per i mezzi alleati. Il versante adriatico presentava caratteristiche diverse ma ugualmente favorevoli ai tedeschi: un terreno collinoso solcato da una serie di fiumi in piena, che l'8a armata britannica dovette superare uno alla volta con fatica e perdite, per poi trovarsene dinanzi un altro. Il fiume Sangro venne raggiunto nel novembre 1943 e la città di Ortona solo alla fine del dicembre successivo: Ortona, bombardata per mesi dagli alleati, quasi completamente evacuata dalla popolazione, sfollata altrove, e praticamente rasa al suolo, si guadagnò il soprannome di "Stalingrado d'Italia" per i combattimenti che vi si svolsero, casa per casa, tra i paracadutisti tedeschi e i canadesi.

Per dare al Genio il tempo di completare i lavori necessari, Kesselring decise di condurre alcune azioni temporeggiatrici. riservandosi di ingaggiare gli Alleati in un violento combattimento, prima di ritirarsi sulla Linea Gustav dove avrebbe resistito.

Kesselring ordinò a Vietinghoff di bloccare gli Alleati sul Volturno fino al 15 ottobre.

Gli Alleati radunavano intanto le forze in previsione dell'avanzata verso Napoli: Clark avanzò verso la linea del Volturno. Sfruttando il terreno accidentato, i tedeschi resistettero in un numero ridotto di capisaldi, riuscendo a rallentare l'avanzata degli Alleati, numericamente superiori, fin quasi ad arrestarla. Inoltre i tedeschi, ritirandosi, operavano ogni accorgimento per ostacolare le operazioni del nemico. Lungo un tratto di strada di meno di 30 chilometri riuscirono a distruggere 25 ponti, obbligando gli avversari a guadare fiumi e torrenti sotto il fuoco e poi a fermarsi per costruire nuovi ponti che consentissero il flusso di rinforzi e rifornimenti.

Ciononostante l'avanzata Alleata continuò. Montgomery raggiunse il Biferno, ma, il 4 ottobre, due *Kampfgruppe* della 16. *Panzerdivision* contrattaccarono la testa di ponte e la situazione degli inglesi apparve quasi disperata dopo che la piena del Biferno, a causa delle violente piogge, aveva spazzato via il ponte costruito dai genieri. Per più di quarantotto ore vi furono combattenti accaniti, poi i genieri completarono un altro ponte e i rinforzi sopraggiunsero, respingendo i tedeschi il 6 ottobre.

Il 9 ottobre Montgomery si fermò per riordinarsi e i tedeschi poterono occupare le posizioni predisposte lungo il corso del fiume Trigno.

La conquista di Napoli e dei campi d'aviazione di Foggia pose formalmente fine

all'operazione *Avalanche*.
Il giudizio di Andrew Sagster su *Avalanche* è netto:

> In Salerno the Allied leadership was seriously weak, what we saw was ineptitude and cowardice spreading down from the command, and this resulted in chaos'[74].

Gli alleati avevano perso circa 12.500 uomini.
Napoli era semidistrutta, bombardata dagli alleati a partire dal 1941 mentre i tedeschi avevano distrutto tutto quando potesse avere una qualche utilità militare per il nemico che non fosse stato possibile portare via: linee telefoniche e telegrafiche, mezzi di trasporto, condutture d'acqua, centrali elettriche. Vari alberghi erano stati dati alle fiamme, molti edifici minati, i ponti fatti saltare, i binari delle linee ferroviarie divelti e le navi nella baia affondate. Ciononostante gli Alleati riuscirono a riaprire il porto al traffico nell'arco di una settimana, e alla fine di ottobre si scaricavano giornalmente circa 7000 tonnellate di materiali, quantità che corrispondeva quasi alla capacità di smaltimento che il porto aveva prima della guerra.
Al principio di ottobre sembrava chiaro agli alleati che Kesselring aveva intenzione di ritirarsi lentamente verso nord, forse facendo tappa su una qualche linea facilmente difendibile a sud di Roma, per guadagnare il tempo necessario a completare le fortificazioni nel settore compreso tra Pisa e Rimini.
Questa linea d'azione era obbligata non solo per accorciare le linee di comunicazione, ma anche perché sbarchi che minacciassero le retrovie tedesche erano ora più che mai possibili dopo l'abbandono della Sardegna il 18 settembre e della Corsica il 3 ottobre.
Un'avanzata verso il Nord Italia era tuttavia difficile, non solo perché a sud di Roma esisteva una linea difensiva naturalmente forte ma anche perché, per preparare lo sbarco in Normandia, nel corso di ottobre quattro divisioni americane e tre inglesi vennero ritirate dal fronte e inviate in Gran Bretagna. Inoltre si stava pianificando anche l'operazione *Dragoon*, lo sbarco nel sud della Francia, per il quale si sarebbero sottratte altre unità al fronte italiano.
Il 15° Gruppo d'armate del generale Alexander non avrebbe più potuto contare su rinforzi significativi né su un massiccio appoggio aereo. A metà ottobre, la linea del fronte seguiva il corso dei fiumi Volturno e Trigno. Il Volturno rappresentava, di per sé, un notevole ostacolo naturale: largo fino a 60 metri, il fiume era in piena per le abbondanti piogge e le sue acque in quel periodo erano profonde, a seconda dei punti, dai 3 ai 5 metri. Dietro questa barriera naturale, Vietinghoff aveva schierato i 35000 uomini del XIV. *Panzerkorps*, di fronte alla 5a Armata, mentre il LXXVI. *Panzerkorps*, di forza all'incirca uguale, si opponeva all'8aArmata lungo il Trigno.
Il generale Clark ordinò l'attacco in massa alla linea del Volturno il 13 ottobre. La 5a Armata attaccò con i suoi due Corpi fianco a fianco, ognuno dei quali impiegò tre divisioni. Una finta manovra effettuata dalla 3ª divisione americana sulla sinistra del 6° Corpo ingannò i tedeschi permettendo alla 56ªdivisione inglese di unirsi alla 7ª divisione corazzata e alla 46ª divisione americana a nord del fiume.
A oriente anche gli attacchi dell'8ª Armata sul Trigno ebbero successo, ma ormai Vietinghoff aveva assolto il compito affidatogli da Kesselring di tenere la linea del Volturno fino al 15 ottobre. Egli ordinò quindi alle sue truppe di ritirarsi combattendo fino alla Linea Bernhard.
La 5a Armata riprese ad avanzare, regolarmente ma lentamente.

---

[74]Op. cit., p. 160.

Ad ogni nodo stradale, passo montano o guado incontrava l'abile resistenza dei tedeschi, e l'avanzata subiva un momentaneo arresto. Quando i soldati riuscivano ad aggirare la posizione, i tedeschi erano già spariti. Su un fronte ampio più di 60 chilometri, la 5a Armata avanzò non più di 30 chilometri in venti giorni. L'avanzata del Volturno alla Linea Bernhard aveva portato le due Armate alleate vicino all'esaurimento. Con le sottrazioni di truppe per la preparazione di *Overlord*, né Clark né Montgomery potevano togliere truppe dal fronte per concedere loro adeguato riposo.

Nessun rinforzo era previsto fino a dicembre e gennaio: il 15 novembre fu autorizzata una pausa di due settimane nelle operazioni per permettere ai soldati della 5a Armata di riposare e riorganizzarsi.

A dicembre la sicurezza di sé alleata ricevette un duro colpo da parte della *Luftwaffe*. La sera del due dicembre 1943 105 bombardieri Ju 88 appartenenti ai *Kampfgeschwaders* 30, 54 e 76, provenienti da Orio al Serio, Ronchi dei Legionari ed Atene effettuarono un grosso bombardamento sul porto di Bari, cogliendo completamente di sorpresa gli alleati, che addirittura avevano le banchine illuminate per lo sbarco dei materiali. Gli 88 *Junkers* giunti sull'obiettivo (17 avevano abortito la missione per inconvenienti tecnici) tempestarono le navi e i moli del porto di bombe a caduta libera da 250 e 500 Kg, bombe incendiarie AB 500 e AB 100, bombe a grappolo SD 2 e bombe siluro a percorso circolare LT 350[75], affondando ben 24 navi alleate (non 17 come si afferma solitamente): cinque americane (*J. Bascom, J. Harvey, John. L. Motley, Joseph Wheeler, Samuel J. Tilden*), tre inglesi (*Devon Coast, L. Kruse, Testbank*), due canadesi (*Fort Atabaska, Fort Lajole*) tre norvegesi (*Lom, Bollsta, Norlom*), una francese (*Aude*), otto italiane (*Ardito, Barletta, Frosinone, Porto Pisano, L.Orlando*, il MB 108, *Genepesca* II, *Volodda*), due polacche (*Lwow, Puck*); furono sette le navi gravemente danneggiate che non poterono essere riattate e dovettero essere demolite (tra cui le italiane *Cassala, Goggiam*, e *Corfù*) ; venne distrutto materiale per non meno di quarantamila tonnellate Trovarono la morte un migliaio di marinai e marittimi e duecentoquaranta civili, in massima parte morti per avvelenamento da iprite. Tra le navi affondate infatti vi fu la *Liberty* USS *John Harvey*, che aveva a bordo un carico di 1.350 tonnellate di bombe a gas solfuro di dicloro-etile (Iprite), proibite dalle convenzioni internazionali e destinate al fronte italiano. I comandi alleati silenziarono totalmente i fatti per ragioni di opportunità politica, provocando così coscientemente la morte di centinaia di militari e civili non curati adeguatamente dal personale medico alleato e italiano, non informato della causa scatenante delle terribili vesciche cutanee, lesioni agli occhi e difficoltà respiratorie dei feriti e morenti da loro assistiti. Il porto di Bari rimase inutilizzabile per sei mesi, sino al febbraio 1944.

Dopo Pearl Harbour fu il maggior disastro navale alleato del conflitto.

---

[75]

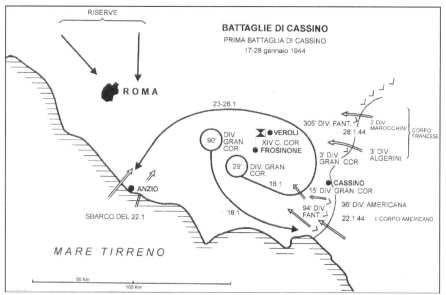

La prima battaglia di Cassino.

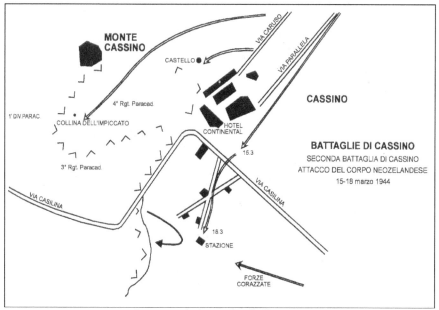

La seconda battaglia di Cassino.

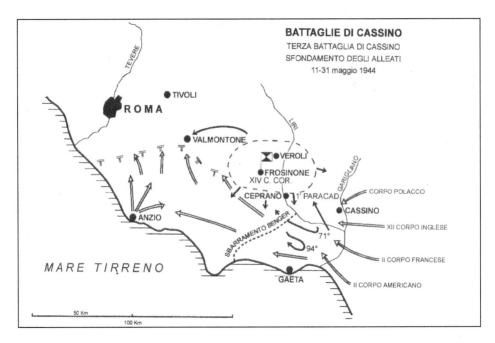

La terza battaglia di Cassino e il collegamento da parte del XIV corpo corazzato della 14ª armata con la 10ª armata in ripiegamento.

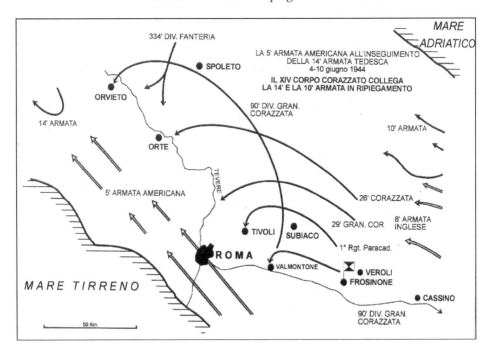

6.
CASSINO

Anche quando il ritiro da Salerno era iniziato, nell'ambito dell'OKW continuava la discussione sulla difesa dell'Italia.1
Venne così deciso un incontro tra Kesselring e Rommel alla presenza di Hitler il 30 settembre. La decisione che ne risultò non fu decisiva, ma solo la continuazione dei due comandi separati in Italia con Rommel a nord e Kesselring a sud, ognuno dei quali si preparava a gestire le proprie difese senza rapportarsi per l'altro.
Quando gli alleati occuparono Napoli e serrarono sul sistema difensivo tedesco a sud di Roma, Hitler alla fine prese una decisione.
Il 25 ottobre, Hitler decise di affidare il comando in Italia a Rommel e inviare Kesselring in Norvegia.
Tra il 25 ottobre e il 5 novembre, però, Hitler cambiò idea e mandò Rommel in Francia.
Il Führer, probabilmente influenzato dai membri del suo Stato Maggiore e da come Kesselring avesse gestito abilmente la ritirata da Napoli, bloccando e ritardando il nemico sulle linee Barbara e Bernhardt, le prime due posizioni difensive nel sistema a sud di Roma, decise di sostenere il concetto difensivo di Kesselring riconoscendone così come l'abilità come comandante.
Le decisioni prese dagli uomini, e soprattutto dai condottieri, sono operazioni complesse. Parte della complessità viene dalla personalità del comandante.
Finora, Albert Kesselring, l'artigliere diventato aviatore, aveva dimostrato di essere un professionista con grandi capacità organizzative e amministrative[76].
Nel pianificare ed eseguire le operazioni aeree in Polonia, nei Paesi Bassi, in Belgio e in Francia, e nelle operazioni di terra difensive in Sicilia, è chiaro che questo talento per l'organizzazione era unito ad altrettanto grandi competenze militari. Distintosi nella prima guerra mondiale come un ufficiale capace di condurre operazioni difensive in situazioni critiche, fu ricompensato con la nomina allo Stato Maggiore tedesco come ufficiale Quartiermastro nel II Corpo d'Armata bavarese.
Nonostante il suo celebre sorriso (Kesselring venne soprannominato *der Alchene Albert, Albert il sorridente*), i suoi modi amabili e cordiali e la sua capacità di "andare d'accordo" con gli altri, era un condottiero nato e non aveva alcuna intenzione di diventare un semplice esecutore delle direttive dei suoi superiori.
Kesselring andava generalmente d'accordo con i propri subordinati. Un rapporto particolarmente cordiale anche dal punto di vista umano si sviluppò tra il Feldmaresciallo e Westphal, una collaborazione in cui Westphal aveva una certa influenza sul suo superiore. Nel trattare con i propri superiori, Kesselring usava generalmente un approccio indiretto. Col tempo, avrebbe cercato di dimostrare di avere, approfittando della posizione per fare di testa propria. Questo approccio funzionò bene nel riorganizzare la struttura di comando della *Luftwaffe* nel 1937, ignorando la struttura di comando di Hitler per il Mediterraneo nel 1942, e ottenendo la fiducia di Hitler per la sua proposta di difendere l'Italia a sud di Roma, anziché a nord. Questo approccio, tuttavia, non ha sempre funzionato: ad esempio, Kesselring non riuscì a spuntarla circa l'invasione di Malta con Hitler, Rommel e Mussolini[77].

---

[76]Bitner, op. cit., p. 25
[77]Ibid.

Kesselring venne ammirato per il proprio talento nelle operazioni difensive non solo dai suoi colleghi tedeschi, ma anche dai suoi nemici. Il generale Mark Clark, che ebbe modo di vedere chi fosse Kesselring a Salerno e ad Anzio, disse di lui, in un passo da noi già citato:

> Field Marshal Albert Kesselring, [was] one of the ablest officers in the Hitler armies [...] Kesselring was well qualified, both as a commander and an administrator, and he conducted the Axis operations in Italy with great skill for two years, after which he was transferred to the command of the Western Front in Germany. I was glad to see him go.

Alla fine, nel suo ottimismo, Kesselring si fidava delle persone.
C'erano delle eccezioni, naturalmente, e con quelli di cui non si fidava, poteva essere "determinato e ostinato"[78].
Sicuramente Rommel rientra in questa categoria: i due si detestarono sempre, ed è paradossale che un generale spesso sopravvalutato come Rommel sia più famoso e più elogiato di Kesselring, che come comandante gli fu indubbiamente assai superiore sotto tutti i punti di vista, probabilmente per gli atteggiamenti da protagonista sempre attento alla propria immagine della *Volpe del deserto*.
A quei subordinati di cui si fidava, Kesselring concesse una grande libertà d'azione e valutò sempre oggettivamente la loro opinione. Questo tipo di relazione si sviluppò rapidamente tra Kesselring e il comandante della 10. *Armee*, Vietinghoff, grazie alla collaborazione durante le operazioni a Salerno e la ritirata verso il nord nell'autunno del 1943. La prova di questa collaborazione si ebbe quando Vietinghoff, mentalmente esausto, chiese di essere sollevato dal comando[79].

I tratti caratteriali che abbiamo qui riassunto, insieme alla formazione e all'esperienza professionale di Kesselring, ed alla situazione in cui si trovava ad agire, si combinavano nella complessa composizione del processo decisionale.
Nel novembre del 1943 Kesselring si trovava finalmente liberato dall'intrigo politico, almeno per un po'. Erano finiti i problemi della guerra di coalizione con gli italiani e la tensione quotidiana con l'egocentrismo di Rommel che per mesi aveva tentato di prendere il suo posto. Adesso che aveva le mani finalmente libere, Kesselring era da solo al comando.
Tutte le truppe tedesche in Italia furono quindi poste sotto il comando del nuovo *Heeresgruppe* C, che includeva la 10. *Armee* e la 14., comandata dal generale Eberhard von Mackensen.
Il 21 novembre Rommel lasciò l'Italia dall'aeroporto veronese di Villafranca, per non farvi mai più ritorno. Kesselring assunse contemporaneamente il comando supremo nella penisola, potendo contare su undici divisioni nell'Italia centro-meridionale e altre dodici nell'Italia del nord.

Il 28 novembre nel settore adriatico, lungo il corso del fiume Sangro l'8ª Armata attaccò la Linea Bernhard con tre divisioni.
Sotto un tempo inclemente, tra piogge torrenziali e le prime nevi, i tedeschi difesero il terreno dal nemico metro per metro, mentre ripiegavano per 20 chilometri sulle posizioni lungo il fiume Moro e nelle cittadine di Orsogna e Ortona.

---

[78] Ibid., p.27.
[79] Ibid.

Quella di Ortona fu un classico esempio di battaglia in un centro abitato
La città era difesa dalla 1a divisione paracadutisti tedesca, giunta mentre i canadesi attaccavano la strada per Orsogna. In particolare, la responsabilità fu affidata al II° battaglione del 3. *FJ- Regiment* comandato dal capitano Liebscher, che godeva fama di esperto in combattimenti nei centri abitati. Egli preparò minuziosamente le difese della città, scegliendo di resistere attivamente soltanto nella metà settentrionale, mentre il settore meridionale fu minato e le case trasformate in micidiali trappole esplosive oppure fatte saltare per ostacolare l'avanzata dei cingolati alleati. Tutti i capisaldi vennero collegati da gallerie, mentre le vie d'accesso furono anch'esse minate e tenute sotto tiro organizzato, a parte la via principale, lasciata di proposito sgombra per favorire l'ingresso alleato. Le truppe incaricate di aprirsi un varco attraverso la città furono quelle della 2a brigata canadese, le quali avanzarono combattendo casa per casa su un fronte largo poco più di duecento metri. I combattimenti si svolsero così ravvicinati che fu impossibile avere l'appoggio dell'artiglieria. Un intero plotone di canadesi rimase sepolto sotto una casa dov'era stata installata una bomba a tempo. Nello stesso settore un ordigno esplosivo uccise venti paracadutisti tedeschi.
Seguirono giorni di sanguinosi combattimenti senza sosta, casa per casa: perfino il giorno di Natale i canadesi del 22° reggimento *Seaforth Higlanders* riuscirono a partecipare ad un banchetto improvvisato nella chiesa di S. Maria di Costantinopoli facendo i turni. Soltanto il 28 dicembre, dopo aver pagato un carissimo prezzo in vite umane, i canadesi riuscirono a raggiungere il limite opposto della città.
 Come scrisse lo stesso Montgomery: *Le truppe canadesi si comportarono in modo magnifico e alla fine riuscirono a sopraffare i tedeschi.*
Il battaglione del capitano Liebscher si ritirò dietro il corso del torrente Riccio, a 3 chilometri a nord di Ortona, dov'era appostato il resto del 3. *FJ- Regiment*. Con pesanti perdite, si scontrarono con i parà tedeschi anche gli indiani, posizionati nell'entroterra ortonese, mentre, ancora più all'interno, i neozelandesi e la 5a divisione inglese il 23 dicembre fecero un ultimo disperato tentativo di forzare il blocco di Orsogna, finché, il giorno di Natale, ricominciò a piovere e così si esaurì la spinta del XIII Corpo.
Nel settore montano della 78a divisione arrivarono anche forti nevicate e fra le truppe ci furono numerosi casi di congelamento[80].
Le perdite britanniche divennero sempre più elevate e il 28 dicembre Montgomery ordinò di sospendere l'offensiva, lo stesso giorno in cui la 1ª divisione canadese aveva infine conquistato Ortona combattendo casa per casa.
Due giorni dopo Montgomery lasciò il fronte per assumere il comando delle forze del *Commonwealth* che dovevano sbarcare in Normandia e il suo posto alla testa dell'8ª Armata fu assunto dal generale Oliver Leese.
Per dare più profondità alla Linea *Gustav*, furono aggiunte nel settore occidentale due cinture difensive: la prima costituita dalla Linea Bernhard, davanti al Garigliano, e dietro di essa una linea d'arresto, nota agli Alleati come Linea Hitler (Dora per i tedeschi), che sbarrava l'uscita nordoccidentale della valle del Liri e terminava sulla costa a Terracina.
Per dare al Genio il tempo di completare i lavori necessari, Kesselring decise di condurre alcune azioni temporeggiatrici. Poi avrebbe impegnato gli Alleati in un violento combattimento, prima di ritirarsi sulla Linea Gustav. Kesselring diede quindi istruzioni a Vietinghoff di trattenere gli Alleati sul Volturno fino al 15 ottobre. Gli Alleati radunavano intanto le forze in previsione dell'avanzata verso Napoli: dal 9 settembre al primo ottobre

---

[80]Ronchetti, Ferrara, cit., pp. 20-21.

sbarcarono sulle spiagge salernitane 190000 soldati, 30000 automezzi e 120000 tonnellate di rifornimenti. Sbarcarono anche gli ultimi reparti della 7ª divisione corazzata inglese, della 3ªdivisione di fanteria americana e della 82ªdivisione aviotrasportata del generale Ridgway. Per poter garantire adeguata sicurezza al porto di Napoli, il generale Clark sapeva di dover avanzare molto a nord della città dopo averla conquistata. Perciò scelse la linea del Volturno come primo obiettivo della 5a Armata, e ordinò al generale McCreery di condurre l'attacco principale lungo la costa, aggirando le pendici del Vesuvio per raggiungere la pianura napoletana. Il 6° Corpo del generale Lucas fu invece inviato nell'entroterra per poi compiere una conversione a nord e proteggere il fianco del 10° Corpo. Il 10° Corpo attaccò i passi della zona montuosa a nord di Salerno il 23 settembre e incontrò subito una forte resistenza. Sfruttando il terreno accidentato, i tedeschi resistettero in un numero ridotto di capisaldi, riuscendo a rallentare l'avanzata degli Alleati, numericamente superiori, fin quasi ad arrestarla. Inoltre i tedeschi, ritirandosi, operavano ogni accorgimento per ostacolare le operazioni del nemico. Lungo un tratto di strada di meno di 30 chilometri riuscirono a distruggere 25 ponti, obbligando gli avversari a guadare fiumi e torrenti sotto il fuoco e poi a fermarsi per costruire nuovi ponti che consentissero il flusso di rinforzi e rifornimenti.

Ciononostante l'avanzata alleata continuò. Il 30 settembre le forze del 10° Corpo britannico raggiunsero i sobborghi orientali di Napoli e continuarono ad avanzare verso nord. Il primo ottobre l'82ª *Airborne*, rinforzata dei *Ranger*, fece il suo ingresso in città. Tre giorni dopo pattuglie inglesi raggiunsero il corso del Volturno mentre i tedeschi si ritiravano dietro questa barriera naturale. Entro il 7 ottobre il grosso del 10° Corpo era dislocato sulla linea del Volturno.

Le truppe del 6° Corpo americano incontrarono difficoltà simili a quelle degli inglesi: obbligate a muoversi su strette vie di montagna e ad attraversare torrenti in piena incassati in profondi burroni, la loro avanzata fu facilmente molestata da poche truppe che riuscirono a distruggere la maggior parte dei ponti. Gli scontri erano condotti da piccole unità di fanteria con scarso o nessun sostegno d'artiglieria e i mezzi corazzati, e ben presto la pioggia, il fango e il freddo divennero i nemici che i soldati impararono a conoscere meglio. Solo l'uso dei bulldozer e dei ponti Bailey permetteva di avanzare su quei terreni e ben presto i muli diventarono i principali mezzi di trasporto dei rifornimenti. La continua pressione alla fine premiò gli attaccanti. Con la fine di settembre, il 6° Corpo era riuscito ad aprirsi la via e aveva raggiunto la riva meridionale del Volturno. Intanto, a est, l'8aArmata di Montgomery avanzava incontrando solo lieve resistenza, ma molti ostacoli creati dai tedeschi per rallentare l'avanzata del nemico. La 1ªdivisione canadese entrò a Potenza il 20 settembre e tra il 22 e il 23 la 78ªdivisione fanteria britannica e la 4ª brigata corazzata sbarcarono a Bari insieme al comando del 5° Corpo d'armata, mentre la 1ªdivisione paracadutisti tedesca si ritirava abilmente dietro il settore dell'Ofanto. Il 28 settembre i britannici si impossessarono delle basi aeree nella zona di Foggia. Quando l'8aArmata raggiunse la linea difensiva del Biferno, Montgomery volle utilizzare i pochi mezzi da sbarco a sua disposizione per aggirare il fianco nemico dalla parte del mare e operare un assalto anfibio per conquistare il porto e la città di Termoli, mentre un attacco frontale avrebbe bloccato il grosso delle forze nemiche.

Due unità *Commando* sbarcarono prima dell'alba del 3 ottobre, colsero i tedeschi di sorpresa e si collegarono con la testa di ponte costituita da reparti della 78ª divisione presso la foce del Biferno. Il 4 ottobre, tuttavia, due *Kampfgruppen* della 16. *Panzerdivision* contrattaccarono la testa di ponte e la situazione degli inglesi apparve quasi disperata dopo che la piena del Biferno, a causa delle violente piogge, aveva spazzato via il ponte costruito dai genieri. Per più di quarantotto ore vi furono combattenti accaniti, poi i genieri completarono un altro ponte e i rinforzi sopraggiunsero, respingendo i tedeschi il 6 ottobre.

Il 9 ottobre Montgomery si fermò per riordinarsi e i tedeschi poterono occupare le posizioni predisposte lungo il corso del fiume Trigno.

La conquista di Napoli e dei campi d'aviazione di Foggia pose formalmente fine all'operazione *Avalanche*.

Gli alleati avevano perso il tutto circa 12.500 uomini.

L'aeroporto di Foggia, preso intatto, poté in tempi brevi diventare la nuova base dei bombardamenti alleati.

La città di Napoli, per conto, era semidistrutta. Gli alleati l'avevano bombardata da terra e dal cielo e i tedeschi avevano distrutto tutto quando potesse avere una qualche utilità militare e non fosse stato possibile portare via: linee telefoniche e telegrafiche, mezzi di trasporto, condutture d'acqua, centrali elettriche. Vari alberghi erano stati dati alle fiamme, molti edifici minati, i ponti fatti saltare, i binari delle linee ferroviarie divelti e le navi nella baia affondate. Ciononostante gli Alleati riuscirono a riaprire il porto al traffico nell'arco di una settimana, e alla fine di ottobre si scaricavano giornalmente circa 7000 tonnellate di materiali, quantità che corrispondeva quasi alla capacità di smaltimento che il porto aveva prima della guerra.

Al principio di ottobre sembrava chiaro agli alleati che Kesselring aveva intenzione di ritirarsi lentamente verso nord, forse facendo tappa su una qualche linea facilmente difendibile a sud di Roma, per guadagnare il tempo necessario a completare le fortificazioni nel settore compreso tra Pisa e Rimini.

Questa linea d'azione era obbligata non solo per accorciare le linee di comunicazione, ma anche perché sbarchi che minacciassero le retrovie tedesche erano ora più che mai possibili dopo l'abbandono della Sardegna il 18 settembre e della Corsica il 3 ottobre.

Un'avanzata verso il Nord Italia era tuttavia difficile, non solo perché a sud di Roma esisteva una linea difensiva naturalmente forte ma anche perché, per preparare lo sbarco in Normandia, nel corso di ottobre quattro divisioni americane e tre inglesi vennero ritirate dal fronte e inviate in Gran Bretagna. Inoltre si stava pianificando anche l'operazione *Dragoon*, lo sbarco nel sud della Francia, per il quale si sarebbero sottratte altre unità al fronte italiano.

Il 15° Gruppo d'armate del generale Alexander non avrebbe più potuto contare su rinforzi significativi né su un massiccio appoggio aereo. A metà ottobre, la linea del fronte seguiva il corso dei fiumi Volturno e Trigno. Il Volturno rappresentava, di per sé, un notevole ostacolo naturale: largo fino a 60 metri, il fiume era in piena per le abbondanti piogge e le sue acque in quel periodo erano profonde, a seconda dei punti, dai 3 ai 5 metri. Dietro questa barriera naturale, Vietinghoff aveva schierato i 35.000 uomini del XIV. *Panzerkorps*, di fronte alla 5a Armata, mentre il LXXVI *Panzerkorps*, di forza all'incirca uguale, si opponeva all'8a Armata lungo il Trigno.

Il generale Clark ordinò l'attacco in massa alla linea del Volturno il 13 ottobre. La 5a Armata attaccò con i suoi due Corpi fianco a fianco, ognuno dei quali impiegò tre divisioni. Per due giorni gli alleati dovettero guadagnare col sangue ogni centimetro. Una finta manovra effettuata dalla 3ª divisione americana sulla sinistra del 6° Corpo ingannò i tedeschi permettendo alla 56ªdivisione inglese di unirsi alla 7ª divisione corazzata e alla 46ª divisione americana a nord del fiume.

A oriente anche gli attacchi dell'8ª Armata sul Trigno ebbero successo, ma ormai Vietinghoff aveva assolto il compito affidatogli, tenendo la linea del Volturno fino al 15 otto-

bre. Egli ordinò quindi alle sue truppe di ritirarsi combattendo fino alla Linea Bernhard.
La 5a Armata riprese ad avanzare, regolarmente ma lentamente.

Ad ogni nodo stradale, passo montano o guado incontrava l'abile resistenza dei tedeschi, e l'avanzata subiva un momentaneo arresto.

Quando i soldati riuscivano ad aggirare la posizione, i tedeschi erano già spariti. Su un fronte ampio più di 60 chilometri, la 5a Armata avanzò non più di 30 chilometri in venti giorni.

La superiorità tedesca era prima di tutto nelle capacità dei subordinati: la concezione tattica seguita dall'esercito tedesco era la *Tattica dell'incarico, o compito (Auftragstaktik)* in antitesi alla *Tattica dell'ordine (Befehlstaktik)* in uso presso altri eserciti. La differenza di concezione e di esecuzione fra queste due tattiche è fondamentale: la prima esalta l'intelligenza e le capacità del soldato, la seconda tende a mortificarlo, rendendolo un passivo esecutore di ordini altrui.

Con la *Auftragstaktik* si ordinava una missione e si lasciava all'esecutore libertà di esecuzione del compito affidatogli, per cui egli si sentiva responsabile delle azioni che gli dettavano la propria intelligenza, la propria intraprendenza e le proprie capacità. Un comandante nel dirigere un combattimento, oltre che dimostrarsi coraggioso, era anche in grado di riconoscere per tempo una situazione favorevole e sfruttarla: cosa che in guerra non sempre viene fatta.

In questo capitolo seguiremo l'esposizione di questi concetti, insieme ad esempi tratti dalla campagna d'Italia, fatta dal generale Muhm.

Scrive Frido von Senger und Etterlin, il difensore di Cassino:

> I compiti operativi costringevano i comandanti a decisioni più o meno autonome. Nelle esercitazioni gli ufficiali imparavano ad agire di loro iniziativa e ad ambire le responsabilità [...] Questo metodo si limitava a dare soltanto le direttive più indispensabili per l'esecuzione di un determinato incarico, per cui il comandante incaricato poteva, entro certi limiti, scegliere liberamente i mezzi e le tattiche che più gli convenivano.

Le truppe agli ordini di Clark comprendevano anche il 1° raggruppamento motorizzato italiano, la 1ª S*pecial Service Force*, un'unità di *commando* mista statunitense-canadese a livello di brigata, il *Corp Expeditionnaire Français*, comandato dal generale Alphonse Juin e composto dalla 2ª divisione marocchina e dalla 3ª divisione algerina. Il 28 novembre nel settore adriatico, lungo il corso del fiume Sangro l'8ª Armata attaccò la Linea *Bernhard* con tre divisioni.

Sotto un tempo inclemente, tra piogge torrenziali e le prime nevi, i tedeschi difesero il terreno dal nemico metro per metro, mentre ripiegavano per 20 chilometri sulle posizioni lungo il fiume Moro e nelle cittadine di Orsogna e Ortona. Le perdite britanniche divennero sempre più elevate e il 28 dicembre Montgomery ordinò di sospendere l'offensiva, lo stesso giorno in cui la 1ª divisione canadese aveva infine conquistato Ortona combattendo casa per casa. Due giorni dopo Montgomery lasciò il fronte per assumere il comando delle forze del *Commonwealth* che dovevano sbarcare in Normandia e il suo posto alla testa dell'8ª Armata fu assunto dal generale Oliver Leese.

Nel settore della 5a Armata il 2° Corpo attaccò il 29 novembre la zona di monte Pantano.

Il 10° Corpo britannico iniziò il primo dicembre un'azione dimostrativa per attirare forze tedesche verso la costa e lanciò poi l'attacco principale in direzione di monte Camino.

Nella notte fra il 2 e il 3 dicembre, il 2° Corpo riuscì a conquistare monte Camino, ma impiegò una settimana per sloggiare i tedeschi dalla zona e poter continuare l'avanzata verso le linee tedesche nell'area di San Pietro. La mattina dell'8 dicembre 1943, reparti del I° Raggruppamento Motorizzato italiano (gen. U. Utili), inquadrato nel 2° Corpo statunitense, attaccarono monte Lungo, mentre gli americani attaccavano monte Sammucro e il villaggio di San Pietro.

Gli attacchi vennero appoggiati da un intenso fuoco d'artiglieria: furono sparati 75.000 proiettili nelle prime quarantotto ore dell'azione. I bersaglieri italiani conquistarono il loro obiettivo, ma i tedeschi contrattaccarono con precisione e violenza implacabili. Fanti e bersaglieri resistettero per tre ore, ma alla fine dovettero ritirarsi. I texani della 36ª divisione da parte loro raggiunsero la cima di monte Sammucro ma non riuscirono a eliminare la resistenza tedesca sulla montagna.

A San Pietro Infine i *Panzergrenadiere* della 29. resistettero più di una settimana in quello che fu uno dei più duri e cruenti combattimenti di tutta la campagna d'Italia. Ecco come descrive la battaglia il generale Mark Clark:

> Il 10° corpo del generale McCreery, composto della 46ª e della 56ª divisione, era schierato alla nostra sinistra dalla costa al monte Camino. A questo punto, dove la strada N. 6 si svolge tra le alture, al varco di Mignano, cominciava il territorio del 2° corpo americano agli ordini del generale Geoffrey Keyes. Il corpo teneva un fronte di circa otto chilometri che s'incurvava prima a nord verso il monte Lungo e quindi a nord-est oltre l'altura di Cannavinelle. Il 2° corpo comprendeva la 3ª e la 36ª divisione. Il 6° corpo (generale Lucas) prolungava la linea stendendosi a nordest per altri 24 chilometri di montagna fino ad un punto vicino a Castel San Vincenzo. Di fronte alla 5ª armata, che aveva ora in riserva anche la 1ª divisione corazzata statunitense i tedeschi schieravano, a sbarramento della strada che conduceva a Roma per la valle del Liri, il 14° corpo corazzato. Formava questo corpo l'equivalente di cinque divisioni e mezzo: due divisioni di *Panzer Grenadiere* (fanteria motorizzata) e due divisioni e mezzo di fanteria in linea, più la *Panzer Division Hermann Goering* (corazzata) in riserva ravvicinata. Poco v'era da scegliere per noi. Null'altro potevamo fare se non aprirci a forza la via attraverso l'angusto varco di Mignano adiacente al monte Camino; e Kesselring lo sapeva benissimo nonostante le nostre finte lungo la costa o altrove. Alle 4,30 del pomeriggio del 2 dicembre aprimmo il fuoco contro la linea invernale con 925 pezzi di artiglieria; tutti, meno 105, tiravano sulle posizioni che il nemico occupava sulle pendici nude e rocciose del monte Camino. Durante i due giorni seguenti tonnellate di proiettili ad alto esplosivo e al fosforo percossero il massiccio – 60 – collinoso che bloccava la via. In totale, la 5ª armata sparò 206.929 proiettili del peso complessivo di 4066 tonnellate, contro le caverne e le trincee profonde dei tedeschi, mentre le nostre truppe – 61 – avanzavano contro le aspre vette. [...]. Due contrattacchi nemici vennero infranti, uno di essi da dieci minuti di fuoco d'artiglieria: 338 colpi sparati dal 132° battaglione d'artiglieria campale. Il 9 dicembre la zona a sud della statale N. 6, con la sola eccezione del monte Lungo, era in nostre mani. [...]. Durante la prima settimana dell'offensiva contro la linea invernale tedesca, così la 2ª divisione marocchina come il raggruppamento motorizzato italiano entrarono in azione nel settore americano.
> Gli italiani ebbero un esordio difficile. Avevano avuto l'ordine di spostarsi a nord della strada N. 6 per assalire il monte Lungo. Dovettero così passare accanto al 142° fanteria americano, il quale non s'aspettava di vedere quelle uniformi alleate e si affrettò quindi a catturare il primo reparto di ricognizione. Risolto l'incidente, gli italiani vennero portati in posizione per assalire il monte Lungo. La notte prima dell'attacco alcuni soldati italiani si erano avvicinati alle linee germaniche ed avevano gridato minacce e insulti, promettendo che avrebbero puniti i nazisti i quali avevano abbandonato le truppe italiane durante la campagna d'Africa. Disgraziatamente i tedeschi furono avvertiti in questo modo dell'attacco imminente. Il giorno dopo gli italiani prendevano d'assalto il monte Lungo e ne raggiungevano quasi la vetta, ma un forte reparto tedesco pronto a contrattaccare da una posizione favorevole li respinse. Quando parlai col generale Dapino, il giorno seguente,

egli mi disse che il suo reparto era stato preso sotto un fuoco incrociato e che temeva d'aver perduto almeno 300 uomini. Il raggruppamento fu assai scosso, ma rimase in posizione e più tardi (16 dicembre) partecipò alla espugnazione definitiva del monte Lungo. [...].
Quando ritornai al mio quartier generale era evidente che mentre il primo assalto ci aveva dato le vette del gruppo m. Camino-m. Maggiore, il nostro progresso si era poi rallentato e ci trovavamo di fronte ad una serie di montagne che dovevano essere espugnate ad una ad una, lentamente e penosamente. [...]. Per quasi una settimana la fanteria americana, appoggiata da qualche carro armato, aveva cercato di irrompere nel villaggio di San Pietro Infine che giace nel varco di Mignano sul lato nord della strada N. 6. Noi dovevamo prendere il varco che i soldati chiamavano talvolta la Valle della Morte per raggiungere la vallata del Liri. Ripetuti attacchi erano falliti perché il villaggio era situato sul ripido fianco a terrazze d'una altura e i tedeschi tenevano dietro ad esso il dominante monte Sammucro ed anche il monte Lungo che si elevava dall'altra parte del varco, sul lato meridionale della strada N. 6.
Da queste due alture i tedeschi dominavano ogni approccio a San Pietro e ripetutamente respinsero le nostre puntate contro il villaggio. La notte dal 15 al 16 dicembre tuttavia, il 142° fanteria aveva finalmente espugnato il monte Lungo e nel tempo stesso il 141° fanteria aveva lanciato un nuovo attacco contro San Pietro, sotto il comando del tenente colonnello Aaron W. Wyatt Jr. Il risultato era ancora incerto quando, il 16 dicembre, mi spinsi lungo la strada N. 6 fino a un punto non lontano dall'abitato di Mignano, dove un sentiero si dirama dalla statale addentrandosi nelle colline. Le nostre jeeps passarono dalla strada sul sentiero fangoso e con grande difficoltà raggiunsero un'alta collina occupata da noi e che era l'ultima protezione contro il fuoco d'artiglieria nemico dal Sammucro. Di là procedemmo a piedi fino ad una insellatura tra le colline, nella direzione di San Pietro. Il sole, una volte tanto, era uscito dalle nubi ed il terreno si stava asciugando quando raggiungemmo alcuni elementi del 141° fanteria in posizione presso un oliveto. Era ovvio che l'attacco a San Pietro era nuovamente fallito.

Il 16 dicembre però il 142° reggimento di fanteria della 36ª divisione *Texas*, appoggiato dagli italiani del Raggruppamento Motorizzato, conquistò con un attacco di sorpresa monte Lungo, mentre veniva occupato anche Monte Sambucaro; i *Panzergrenadiere*, per eludere il rischio di aggiramento, si sganciarono da San Pietro Infine, ripiegando sulle posizioni retrostanti.
Così Rudolf Böhmler, colonnello dei paracadutisti a Cassino e insigne storico militare, descrive la presa del Monte Sambucaro:

> Lo stesso giorno [16 dicembre] cadde il Monte Sambucaro. Il Monte, con i suoi 1.205 metri era il punto chiave della "Linea Reinhard". Chi lo dominava aveva vista libera su Cassino, nella Valle del Liri e nella Valle del Rapido. Per lunghi giorni i G.I. del 141° e 143° Reggimento di fanteria e i cacciatori del 504° Reggimento paracadutisti combatterono contro questo baluardo difeso così eroicamente dal 71° Reggimento *Panzer-Grenadier*. Gli aggressori registrarono gravi perdite. Il I Battaglione del 143° Reggimento perse i due terzi dei suoi effettivi, al II Battaglione del 141° Reggimento, dopo i due vani attacchi contro S. Pietro [Infine], erano rimasti solo 130 uomini. E questo accadde lottando contro un reggimento tedesco che, dalla Sicilia in poi, aveva combattuto quasi ininterrottamente, gettato nel cuore della mischia, proprio come la Divisione Fries, le cui compagnie erano composte ormai soltanto da un pugno di uomini, duri, con la barba lunga, ma non ancora domati. A loro, e soprattutto ai difensori della cima del Sambucaro, il II Battaglione, le cui magnifiche gesta ebbero il meritato riconoscimento anche nei bollettini di guerra, va la gloria più grande. Non ultimo fu lo stesso Feldmaresciallo Kesselring a

riconoscere l'alto valore combattivo della 29ª Divisione *Panzergrenadier*[81].

Gli alleati, per uscire dalla situazione di stallo sulla *Gustav* pianificarono un'altra operazione di sbarco da compiere nella zona di Anzio- all'epoca unita con Nettuno nel comune di Nettunia- e alla quale venne destinato il 6° Corpo americano, che fu perciò ritirato dalla prima linea. Per facilitare la preparazione dello sbarco, che era stato programmato dopo la metà di gennaio 1944, il *Corp Expeditionnaire Français* sostituì in linea il 6° Corpo d'armata americano. Entro la fine dell'anno Clark poté contare anche sulla 1ªdivisione corazzata americana come riserva mobile. Tra il 5 e il 15 gennaio 1944 la 5ª Armata riprese ad attaccare lungo tutto il fronte: il 2° Corpo, al centro, condusse l'attacco principale, mentre il CEF e il 10° Corpo britannico avevano il compito di sostenerlo con attacchi secondari. Sull'ala destra, la 1ª *Special Service Force* conquistò monte Maio e lo difese per tre giorni dai determinati contrattacchi tedeschi. Il 6 gennaio cadde il villaggio di San Vittore, dopo combattimenti particolarmente aspri, e il 7 furono conquistati monte La Chita e monte Porchia.

All'ala sinistra, i tedeschi resistettero al 10° Corpo fino all'8 gennaio, ritirandosi poi in tempo per evitare di rimanere intrappolati. Le truppe alleate continuarono a premere e il 14 gennaio un ultimo assalto incontrò limitata resistenza: i tedeschi si erano ritirati dietro il fiume Rapido.

La Linea Bernhard era stata sfondata, ma davanti agli Alleati si trovavano ora le formidabili difese della Linea Gustav, che facevano perno intorno a Cassino.

> Il Führer chiede che ciascuno tenga la linea "Gustav" fino all'estremo e fa assegnamento sulla più accanita difesa di ogni metro di terreno.

Il 19 dicembre Clark mostrò ad Eisenhower la linea del fronte presso Mignano Monte Lungo. I comandanti alleati erano certi della prossima vittoria:

> Il giorno dopo [19 dicembre, ndA] condussi Ike a far un giro nel settore di Mignano. Prendemmo soltanto due *jeeps* lasciando il resto del nostro seguito un po' oltre Mignano per non attirare l'attenzione dell'artiglieria nemica postata sulle alture dinanzi a noi, e raggiungemmo un anello della strada N. 6 da dove potevamo veder bene la posizione di San Pietro e la strada che conduceva nella valle del Liri.
> Dalle montagne a nord scendeva veloce il Rapido per gettarsi nel Garigliano a valle della piccola città di Cassino. Pensammo che, una volta ributtati i tedeschi oltre il Rapido, saremmo stati in grado di lanciare l'attacco anfibio ad Anzio, mentre la 5ª armata si sarebbe spinta all'offensiva su per la valle del Liri per unirsi poi alle truppe di Anzio. Quel giorno, 19 dicembre, scrutammo a lungo la strada nella direzione dei picchi oltre Cassino.
> Non sembravano molto lontani guardandoli attraverso la valle e nessuno avrebbe potuto immaginare che saremmo ancora stati a guardare quelle aspre colline quando la primavera sarebbe ritornata sugli Appennini.

Sulla linea Gustav Kesselring riuscì a bloccare gli angloamericani per tutto l'inverno infliggendo loro perdite sanguinose e solo a maggio del 1944 riuscirono a passare, così come accadde alle truppe alleate sbarcate ad Anzio ed a Nettuno.
Il 14 ottobre il tenente colonnello Schlegel, della divisione *Hermann Göring* aveva esposto all'abate Gregorio Diamare il pericolo che correva l'Abbazia di Monte Cassino, che

---

[81]Rudolf Böhmler, *Monte Cassino*, tr. it. Roma 1979, p. 15.

di lì a poco si sarebbe trovata al centro della linea Gustav, e riuscì, quindi, a far mettere al sicuro gran parte dei tesori dell'Abbazia stessa che furono consegnati l'8 dicembre in Vaticano; per trasportarli furono usati, su ordine dello stesso Kesselring, ben 120 autocarri.

Contemporaneamente venne fatta sfollare la popolazione civile e tutto il territorio circostante l'Abbazia, ovvero la vallata, i monti vicini, e la stessa città di Cassino divennero una vera e propria fortezza con trincee, casematte, cannoni, carri armati interrati, campi minati[82].

Kesselring in occasione della fine dell'anno rivolse alle truppe tedesche il seguente ordine del giorno:

> Finisce oggi il fatale 1943, il quarto di guerra. Nonostante la enorme massa delle truppe anglo-americane schierate (...) il nemico non è stato in grado di distruggere le Forze Armate tedesche nella zona del Mediterraneo. Le speranze di Eisenhower e di Montgomery sono naufragate perché abbiamo potuto superare tutte le difficoltà della guerra di montagna, tutto il peso del più pesante fuoco d'artiglieria e dei più massicci bombardamenti aerei. Di questo bisogna esservi grati. Il vostro contegno morale e materiale e la capacità dei Comandanti sventeranno anche nel 1944 qualsiasi tentativo di distruzione da parte del nemico.

La prima battaglia di Cassino ebbe inizio nel pomeriggio del 17 gennaio quando il 10° Corpo d'armata britannico dette il via al bombardamento d'artiglieria contro la fanteria tedesca.

In seguito all'offensiva lanciata, il 10° corpo d'armata riuscì a sfondare il fronte del Garigliano nonostante che i tedeschi contrattaccassero con tutto l'accanimento possibile. Scrive il giornale della R.S.I. *Crociata Italica* del 10 gennaio 1944:

> Un reparto d'assalto delle forze germaniche di sicurezza del Garigliano, dove già gli Anglo-americani avevano tentato uno sbarco sul litorale di Minturno con un contingente di truppe scozzesi, sbarco che è finito miseramente sul nascere, è rimasto per 48 ore sulla riva meridionale del Garigliano, a tergo delle linee avanzate della V Armata riuscendo ad effettuare distruzioni di opere belliche nemiche. Dopo aver annientato un posto di osservazione Anglo-americano, esso è riuscito, di notte, a passare a nuoto il fiume ed a rientrare alla propria base.

Il XIV. *Armeekorps* tedesco di fronte al rischio di veder crollare il fronte di Cassino, fu costretto a chiedere rinforzi (29. e 90. *Panzergrenadiere*).

La principale difesa, per Kesselring, era costituita dal corso dei fiumi Rapido e Gari, le cui acque scorrono con una velocità di circa 13 Km/h raggiungendo anche una profondità di 3 metri.

La notte tra il 17 e il 18 gennaio il 141° reggimento americano, cercò di penetrare oltre il fiume Gari senza riuscirvi.

Nella battaglia di S. Angelo in Theodice, che un giornalista americano definì il *maggior disastro delle armi americane dopo Pearl Harbor*, in meno di 48 ore la 36ª Divisione Texas viene letteralmente decimata: le perdite assommano a 1.681 uomini di cui 875 fra prigionieri e dispersi, compresi i comandanti dei reggimenti destinati agli attraversamenti.

---

[82] Per una trattazione più approfondita delle battaglie di Cassino, si veda P. Romeo di Colloredo, *Am Arsch der Welt. Le quattro battaglie di Cassino, 1944*, Bergamo 2018.

Il 20 gennaio le compagnie d'assalto americane (Reggimenti 141° e 143°) tentarono nuovamente l'attraversamento del Gari, riuscendovi solo parzialmente a causa della resistenza dei tedeschi che avevano salvato dai bombardamenti gran parte delle armi pesanti; la 3ª Divisione di fanteria algerina a capo del maggiore generale de Goislard de Monsabert cercava di attaccare sul fronte di Cassino per occupare Monte Belvedere, Colle Abate e Terelle. I combattimenti tra tedeschi e coloniali francesi vennero citati nel bollettino dell'OKW:

> In Italia meridionale ad occidente di Venafro proseguono i violenti combattimenti difensivi. La località di Cervaro e un dorso montuoso a nord-est di essa sono andati perduti dopo dura lotta.

All'inizio le truppe francesi ebbero successo, ma la resistenza tedesca fu accanita e fece fallire questo tentativo.
Una corrispondenza di guerra, sicuramente di un ufficiale *pk* (*Propagandakompanie*) aggregato ad un reparto tedesco pubblica su *Il Pomeriggio*, supplemento del *Corriere della Sera* del 13 gennaio descrive l'accanimento dei combattimenti:

> Roma 12 gennaio. Sul fronte italiano gli anglo-americani hanno potuto riprendere i loro tentativi di rottura fra la via Casilina e il – 74 – Monte Maio [una cima del Monte Aquilone, da non confondere con l'omonimo monte presso Vallemaio, ndA] solo dopo una pausa di 36 ore.
> Il nemico ha iniziato la seconda fase operativa ieri a mezzogiorno valendosi di contingenti di truppe fresche, mentre tentava in pari tempo di sfondare frontalmente da est e sui fianchi di nordest. Il Comando germanico naturalmente non ha perso tempo nel fronteggiare la manovra avversaria, e pur consentendo a qualche ripiegamento necessario su nuove linee preordinate, ha disposto il raggruppamento di armi pesanti in alcune posizioni montane fiancheggianti la strada di Cassino, che hanno provocato col loro fuoco incrociato notevoli perdite all'avversario. Le batterie e i lanciagranate tedeschi dai capisaldi del Monte Porchia hanno fatto fallire un tentativo di sfondamento degli angloamericani sulla via Casilina; mentre a nord di essa, fra Cervaro e Monte Maio, le cortine di fuoco di sbarramento sul torrente Candida [Acqua Candida, località tra Cervaro e S. Vittore, ndA.] e nella catena collinosa adiacente hanno imposto al nemico gravi sacrifici di sangue. In particolare le ondate di attacco dell'avversario tendevano ad aggirare la località di Cervaro da sud, evidentemente per evitare le sanguinose perdite subite di recente presso San Vittore, ma venivano ributtate dalle forze di sicurezza germaniche. A nord di Monte Maio una puntata di alleggerimento dei nordamericani veniva respinta già nel terreno antistante le posizioni tedesche, in seguito all'efficace cooperazione di tutte le armi

Rudolf Böhmler nel suo volume su Cassino riassunse così la situazione:

> La 5ª Armata impiegò ben due mesi e mezzo per sfondare la « Linea Reinhard »; in undici settimane avanzò di soli 20 km. nonostante la sua superiorità di uomini e di mezzi. Le sue perdite furono ingenti. Secondo Clark, ammontarono a 15.864 tra morti, feriti e dispersi.
> Naturalmente altrettanto gravi furono le perdite del XIV Corpo corazzato. Le sue divisioni avevano combattuto fino all'esaurimento e continuavano a difendersi dalla marea nemica che si infrangeva contro di loro, nonostante il fuoco tamburreggiante in misura mai fino allora sperimentato, le tormente di neve, le grandi piogge scroscianti e il forte freddo.
> Se ci fu qualche flessione, è da attribuirsi soprattutto alla mancanza di esperienza di battaglie in grande stile, agli schieramenti troppo affrettati e all'ignoranza delle condizioni

che regnavano sul teatro di guerra italiano. Tuttavia il comportamento dei combattenti tedeschi in Italia fu irreprensibile .

Il 25 gennaio Clark dette l'ordine di attaccare Cassino da nord ma l'assalto fallì.
Miglior sorte ebbero i fucilieri tunisini che riuscirono a conquistare il monte Belvedere. Altri tentativi alleati, sempre infruttuosi, si ebbero la notte del 25 e del 26 gennaio. Contemporaneamente, il CEF avanzò ulteriormente conquistando colle Abate e l'altura di 862 m a nord di questo. La posizione fu però riconquistata poco dopo dai tedeschi. Nel frattempo Alexander mandava rinforzi a Cassino costituendo un II Corpo d'armata composto dalla 2ª Divisione neozelandese e dalla 4ª Divisione indiana.
Il 30 gennaio la fanteria americana riuscì a passare il Rapido ed a conquistare Caira, ai piedi di monte Cairo; due giorni dopo, il primo febbraio iniziò l'attacco contro Cassino partendo da Caira; il giorno successivo la fanteria americana diede l'assalto anche alla Rocca Janula.
In seguito a quest'offensiva i granatieri tedeschi furono spinti 1000 metri più a nord. Il 3 febbraio i tedeschi ricevettero come rinforzi due reggimenti di *Fallschirmjäger*.
La fanteria statunitense raggiunse il monte Calvario il 6 febbraio: i G.I. del 135° Reggimento conquistarono un posto di osservazione tedesco a ridosso delle mura dell'abbazia, la quota 435; scrisse Rudolf Böhmler:

> Gli Alleati non giunsero mai più così vicini al convento. Il frutto tanto desiderato era sotto il loro naso: ma non furono in grado di coglierlo, poiché sopraggiunsero ulteriori rinforzi tedeschi.

Sette giorni dopo, il dieci, i tedeschi contrattaccarono e rigettarono ancora una volta gli statunitensi dal pendio del monte Calvario.
L'11 febbraio le forze alleate tornarono all'assalto, ma gli attacchi fallirono.
Churchill, nella propria Storia della Seconda Guerra mondiale, così riassume gli eventi:

> Il X corpo d'armata britannico aveva attirato sul suo fronte il grosso dei rinforzi nemici; si decise perciò di attaccare più a nord per occupare le alture che dominano Cassino e aggirare la posizione di fianco. L'avanzata ebbe un certo successo. Il II corpo d' armata americano attraversò il fiume Rapido a monte di Cassino, mentre le forze francesi che lo fiancheggiavano sulla destra occupavano Monte Castellone e Colle Majola. Da questo punto l'attacco si diresse verso sud, contro la collina del Monastero, che i tedeschi avevano fortificato e difendevano fanaticamente [cosa ovviamente non vera se riferita all'Abbazia, priva di truppe tedesche. ma Churchill parla di *Monastery Hill*, quindi potrebbe riferirsi alla collina ex se e non all'edificio sacro ndA]. Ai primi di febbraio, il II corpo d'armata aveva ormai esaurito il suo slancio e il generale Alexander ritenne necessario inviare al fronte truppe fresche per ridare impeto all'attacco. In vista di ciò aveva già dato ordine che venisse costituito un corpo d'armata neozelandese, agli ordini del generale Freyberg, composto di tre divisioni sottratte all'8ª armata operante nel settore adriatico. In realtà, questa armata che aveva tentato d'inchiodare il nemico sulle sue posizioni assumendo l'offensiva, aveva dovuto cedere non meno di cinque divisioni per sostenere gli aspri combattimenti del settore tirrenico; nei mesi successivi fu così costretto a rimanere sulla difensiva.

La guerra nei settori più elevati- Colle Abate, Monte Belvedere, Terelle, Monte Cifalco- del fronte di Cassino è rimasta spesso oscurata dai combattimenti nel centro abitato; eppure fu particolarmente dura. Anche nei periodi di relativa stasi operativa la vita per i combattenti tedeschi rimaneva durissima, soprattutto per quanto riguardava i rifornimenti per le truppe in prima linea, specialmente nei settori in quota. Il generale Frido von Senger und Etterlin scrisse in proposito delle difficoltà logistiche:

> Comandi e soldati trovarono difficoltà nell'adeguare il sistema dei rifornimenti alla guerra in montagna. La cosa ebbe inizio con le colonne delle salmerie che non funzionavano a dovere. I soldati non sapevano trattare i muli, ma anche qui l'inconveniente venne eliminato dalla praticaccia e dal fatto che gli animali pensarono ad addestrare i conducenti. In montagna il soldato deve ricevere un'alimentazione speciale. Noi fummo costretti a cavarcela con i mezzi di cui disponevamo. Veramente utilizzabili erano unicamente gli alimenti che il soldato poteva prepararsi sul posto, cioé cibi concentrati in scatoletta o sotto forma deidratata, che dovevano contenere i principi nutritivi indispensabili ed essere contemporaneamente gustosi. Il rancio caldo, preparato quasi sempre nelle retrovie e portato in linea da squadre apposite, arrivava soltanto di notte nelle posizioni in montagna e quindi non era più caldo, una situazione intollerabile sotto la neve o in combattimento. Personalmente diedi ordine di avvicinare le cucine il più possibile alle posizioni e di isolare le marmitte con la paglia, ma l'espediente ebbe scarso effetto.

E ancora, a proposito degli effetti dell'artiglieria alleata e dei capisaldi sulle alture:

> Quello che scuote innanzitutto è il rumore amplificato del fuoco tamburreggiante. Il terreno roccioso moltiplicava l'effetto degli spezzoni. La roccia non assorbiva parzialmente la forza esplosiva come il terreno in pianura. In compenso potenziava l'effetto deleterio dei proiettili e delle schegge di rimbalzo. Buon ultimo: chi viene sorpreso dal fuoco di artiglieria mentre percorre un sentiero in montagna in genere non ha la possibilità di cercare riparo ai lati. Gli esperti della montagna propendevano sempre per le posizioni di cresta. Ma la stragrande maggioranza dei comandanti tedeschi proveniva dalla pianura e trovava che le creste spiccavano troppo e attiravano il fuoco del nemico. É un fatto che i capisaldi in pianura possono essere resi sempre meno appariscenti con gli accorgimenti moderni. I fanti impararono tuttavia ben presto ad apprezzare i vantaggi offerti dalle posizioni in cresta: tutti i tiri troppo lunghi o troppo corti dovevano necessariamente mancare il bersaglio ed erano perciò innocui. I soldati impararono anche a scavarsi ripari in cresta con l'aiuto di palanchini, martelli ed esplosivi. E pensare che dovevamo acquistare dal commercio libero gli attrezzi necessari per sostituire la vanghetta d'ordinanza! Una volta appresi i rudimenti dell'arte, i soldati creavano relativamente presto dei ricoveri nella roccia. La cresta e le buche scavate nella roccia offrivano un'ottima protezione.

Il dispositivo militare alleato sul fronte di Cassino aumentava intanto decisamente di qualità: sia la divisione neozelandese che quella indiana si erano, infatti, comportate in modo eccellente con l'ottava armata precedentemente. Alla luce di tutto ciò, si pensò inizialmente di utilizzare le nuove unità pervenute in un attacco sostanzialmente simile a quello già eseguito dal II° corpo d'armata americano e conclusosi senza successo l'11 febbraio. Ma non tutti i comandanti alleati erano della stessa opinione: il generale Juin propose di utilizzare le forze appena giunte a sostegno del proprio attacco per dirigersi verso Atina e poi piegare verso la valle del Liri aggirando così la postazione di Cassino. Dello stesso parere era anche il maggiore generale Tuker – comandante della divisione indiana - confidando nella dimestichezza dei suoi reparti ad operare in scenari di montagna. Nonostante questa proposta potesse sembrare a prima vista valida, venne poi scartata in quanto logisticamente insostenibile per l'asperità del terreno. Fu così deciso di attaccare direttamente per via frontale l'Abbazia e Cassino. Attacco che, nelle intenzioni dei suoi ideatori, avrebbe dovuto iniziare il 16 febbraio sui due fronti di Cassino e di Montecassino impiegando per il primo la 4 Divisione indiana – che doveva rilevare previamente le posizioni che sovrastavano il colle del monastero tenute dalla 34th *US Infantry Division "Texas"* – e la Seconda neozelandese sul secondo.

Successivamente allo spiegamento concordato, gli indiani avrebbero dovuto riprendere l'avanzata iniziata dal Secondo corpo d'armata americano ed i neozelandesi avrebbero attaccato da est lungo la linea ferroviaria impiegando anche carri armati. Ciò avrebbe comportato l'attraversamento del fiume Rapido, per cui venne disposto l'utilizzo di un reparto di genieri per l'apprestamento di un ponte mobile in grado di far attraversare il fiume da parte dei carri armati. Ben presto, tuttavia, già nel corso dei preparativi dell'attacco, le cose non andarono come previsto. Quando gli uomini della divisione indiana risalirono le montagne per rilevare le unità là stanziate fecero l'amara scoperta che gli americani non erano sulle posizioni previste, ma su altre nettamente meno vantaggiose. Posizioni che, peraltro, furono oggetto di pesanti contrattacchi tedeschi tali da far perdere agli americani anche quel poco di terreno conquistato in precedenza. Conseguentemente, gli indiani avrebbero dovuto prendere combattendo la prevista linea di partenza prima di sferrare l'assalto vero e proprio al colle dell'Abbazia. Operazione che si sarebbe dovuta svolgere su un terreno, peraltro, molto difficile, come ben presto si accorse il generale Tucker.

Ogni zona del terreno di scontro era infatti sotto il tiro delle armi tedesche posizionate sulle alture sovrastanti Montecassino e la sua abbazia. La situazione parve al generale inglese talmente compromessa che espresse in maniera esplicita il parere per cui gli sforzi offensivi dovevano essere fatti più a nord, ma l'idea venne ben presto scartata. A nulla valse a modificare i piani prestabiliti il fatto che gli indiani avrebbero dovuto vedersela anche con le difese tedesche appostate nei pressi dell'Abbazia di Montecassino che, in un primo tempo, gli alleati consideravano inviolabile. Convinzione che, successivamente, muterà in ragione delle necessità impellenti della guerra dopo molte dispute nei comandi alleati. Anzi, la fatidica data del 16 febbraio venne anticipata al 15 in quanto si riteneva importante che il nuovo corpo d'armata attaccasse le posizioni tedesche per alleggerire la pressione che esercitavano sulla testa di ponte di Anzio. Ma per quella data la Divisione indiana non era assolutamente pronta per le difficoltà già in precedenza esposte e per la malattia che colpì il generale Tucker prima dell'attacco programmato e che porterà a subentrargli nel comando il generale Dimoline, il quale riproposte gli stessi dubbi già fatti presenti dal suo predecessore. Ma anche tali considerazioni vennero respinte e Demoline avrebbe così dovuto conquistare, contemporaneamente, le posizioni di partenza previste per l'assalto e poi lanciare l'attacco principale concordato[83].

Il quattordici avvenne il lancio di volantini su Montecassino da parte della V Armata per invitare i religiosi e i civili ad abbandonare il monastero, di cui si preannunciava il bombardamento: decisione determinata dalla errata convinzione che fra le mura del monastero fosse asserragliato un contingente tedesco.

Amici italiani,

ATTENZIONE!
Noi abbiamo sinora cercato in tutti i modi di evitare il bombardamento del monastero di Montecassino.

---

[83] http://www.difesaonline.it/news-forze-armate/storia/la-battaglia-di-cassino-la-seconda-e-la-terza-battaglia-33

I tedeschi hanno saputo trarre vantaggio da ciò. Ma ora il combattimento si è ancora più stretto attorno al Sacro Recinto. È venuto il tempo in cui a malincuore siamo costretti a puntare le nostre armi contro il Monastero stesso.
Noi vi avvertiamo perché voi abbiate la possibilità di porvi in salvo.
Il nostro avvertimento è urgente: Lasciate il Monastero.
Andatevene subito.
Rispettate questo avviso.
Esso è stato fatto a vostro vantaggio.

LA QUINTA ARMATA.

Italian friends,

BEWARE!
We have until now been especially care-ful to avoid shelling the Monte Cassino Monastery. The Germans have known how to benefit from this. But now the fighting has swept closer and closer to its sacred precincts. The time has come when we must train our guns on the Monastery itself.
We give you warning so that you may save yourselves.
We warn you urgently: Leave the Monastery.
Leave it at once. Respect this warning.
It is for your benefit.

THE FIFTH ARMY.

Sul *Times* del 14 febbraio apparve un articolo colmo di menzogne, per preparare la notizia dell'imminente distruzione del Monastero:

> Oggi è stata divulgata la notizia che le autorità vaticane hanno chiesto che il monastero sulla sommità della collina, culla dell'ordine benedettino, sia risparmiato. Gli alleati hanno accondisceso alla richiesta nei limiti del possibile, ma i tedeschi stanno utilizzando il monastero come fortezza; i suoi grandi edifici e le sue massicce mura costituiscono una parte importante delle loro difese che dominano la sottostante strada per Roma. Il monastero non è fino a questo momento un bersaglio dei cannoni o degli aerei alleati.

Il 15 febbraio l'Abbazia venne rasa al suolo.
142 Fortezze volanti lanciarono 287 tonnellate di bombe esplosive da 250 kg e 66,5 tonnellate di bombe incendiarie da 50 kg l'una; fecero seguito 47 B-25 e 40 B-26, che sganciarono altre 100 tonnellate di bombe ad alto potenziale. Gli edifici dell'Abbazia benedettina vennero distrutti e nelle mura esterne si aprirono larghe brecce.

> L'anziano Abate, scrive il colonnello Böhmler, quando vede l'orribile, inutile distruzione, si sente afferrare da un'amara disperazione. Nel cortile del Priorato si spalanca un enorme cratere creato da un grappolo di bombe. Il chiostro è crollato, il tetto della Torretta distrutto. Le palme che decoravano da anni il cortile del Priorato sono ormai soltanto dei miseri mozziconi. Il cortile centrale – attribuito al Bramante – è stato spazzato via, i suoi colonnati, di bellezza unica, e la stupenda Loggia del Paradiso sono crollati, strappati dalle bombe, persi per sempre.

Nel diario del padre benedettino D. Martino Matronola abbiamo una testimonianza diretta dell'inferno scatenato dal bombardamento alleato:

... Atterriti sentiamo improvvisa una tremenda esplosione. Ad esse seguono altre senza numero, sono le 9,45 circa. Ci raccogliamo in ginocchio in un angolo della stanzetta, attorno al P. Abate che è ritto in piedi: egli ci dà l'assoluzione: diciamo giaculatorie per il gran passo.
Le esplosioni ci scuotono fortemente: mettiamo l'ovatta nelle orecchie. Le spesse mura del rifugio con tutto l'ambiente, sussultano in modo spaventoso.
Dalle strette finestre entra polvere e fumo, e si vedono le fiamme di quelle bombe che cadono sul fianco del Collegio. Non so quanto dura questo inferno, certo ci appare molto lungo. Non è ancora finito il bombardamento che entra nella stanzetta il sordomuto Giuseppe Cianci, stravolto e tutto bianco: si inginocchia con noi e indica la medaglia che ha sul petto, facendo capire che lo ha salvato.
Il poveretto era in chiesa quando fu sorpreso improvvisamente dal bombardamento. Con raccapriccio ci fa capire che la chiesa è distrutta.
Alle ore 11,15 circa si ha una sosta nel bombardamento. Grazie a Dio tutta la piccola comunità è salva. Facciamo un giro nel rifugio: tutte le finestre sono schiantate.
Il P. Abate vuole uscire: l'accompagno fuori al chiostro del Bramante. La parte inferiore della Badia è ancora in piedi, ma con terrore vediamo da giù che la copertura della chiesa è il cielo: la facciata è ancora in piedi, ma dal finestrone vediamo che tutta la volta è crollata, dal punto dove siamo non possiamo vedere altro. Temiamo molto di quelli ricoverati alla falegnameria: la gente ricoverata nella posta, portineria, forno, ed anche quelli del frantoio vecchio hanno abbandonato i loro ricoveri e pazzi dal terrore sono usciti fuori passando per lo scalone, all'aperto, tra l'azione incessante dell'artiglieria: parecchi cadono colpiti nel viale. Qualcuno del frantoio vecchio si è pure avvicinato tra le macerie del chiostro del Priore nei locali sotto le cappelle per porgere aiuto: sorpreso dal secondo bombardamento è perito. Mentre eravamo nel chiostro del Bramante, le tre famiglie di coloni che da alcuni giorni si erano rifugiati nella parte inferiore della cantina credendo di essere più al sicuro, pazze dal terrore, si dirigono verso di noi implorando di entrare nel nostro rifugio: dico loro che anche il nostro rifugio non è sicuro. Non capiscono più ed entrano tutte e tre le famiglie alla meglio che possono.
Rientro col P. Abate nel ricovero: non mi allontano mai da lui per qualsiasi evenienza; mettiamo un po' d'ordine nella stanzetta del P. Abate, per preparare il posto per il SS.mo che d. Agostino è andato a prendere nella Cappella della Pietà (Torretta). Mentre col P. Abate sono così occupato, improvvisamente alle ore 13.00 circa sentiamo su di noi tremende esplosioni accompagnate da indescrivibili sussulti della fabbrica.
Col P. Abate mi ritiro in un angolo della stanzetta per ripararci da possibili schegge provenienti dalla finestra. Dopo qualche scoppio un altro più spaventoso accompagnato da una scossa ancor più terribile: vedo che la porticina della stanzetta è stata ostruita completamente da grosse pietre: dico con tranquillità al P. Abate: siamo bloccati. Sento un altro colpo e la muraglia diventa più fitta: il grosso muro però della stanza ha resistito. Intanto le donne e i bambini delle tre famiglie alzano grida disperate: sentiamo la voce di d. Agostino che ha fatto appena in tempo a rientrare col SS.mo; dà la Comunione sotto forma di viatico a quelle famiglie, a se stesso, e consuma così tutte le sacre particole.
Alle ore 13,30 circa termina anche questo secondo bombardamento, ma abbiamo grave apprensione per la sorte dei confratelli essendo sparsi qua e là. Il P. Abate ed io siamo bloccati, ma fortunatamente la spessa parete di comunicazione con il corridoio dei minerali non arriva fino alla volta: dò una voce a d. Agostino chiedendo notizie.
Mi risponde che di là sono tutti salvi; e che l'entrata del rifugio è ancora libera, quantunque un po' ostruita. Il ricovero è stato diviso in due: una o due bombe di grossissimo calibro devono essere cadute sulla palestra del collegio e hanno fatto crollare il muro di terrapieno della palestra (lato Nord) e, precisiamo, la parete della stanza ove era l'altare portatile. Non sappiamo nulla degli altri che si erano rifugiati nelle stanzette sotterranee ritenute più sicure. Intanto occorre uscire al più presto dalla stanzetta dove ci troviamo.
Aiuto il P. Abate ad arrampicarsi sul muro: sfondo la retina di metallo e con l'aiuto di al-

tri che sono nel corridoio si riesce a stento a far calare il P. Abate su di un letto.

Usciamo fuori del ricovero attraverso la scala già mezzo ostruita dalle macerie, portando le valigie preparate la sera precedente. Uno spettacolo tristissimo ci si presenta dinanzi agli occhi: tutto è sconvolto.

Il cortile della palestra presenta nel centro un grande cratere, sui cui lati scendono le macerie del Collegio e i grossi massi dei pilastri.

Il chiostro del Bramante con la Loggia del Paradiso non esiste più: la cisterna centrale è sprofondata e nel fondo vi è un'acqua rossiccia; è rimasto però buona parte del porticato del chiostro d'ingresso, o della porta. La grande scala, che conduce alla chiesa, è tutta sconvolta da immensi massi.

Del colonnato superiore con il chiostro dei Benefattori non vi è rimasto nulla.

Mentre atterriti e inebetiti dal dolore vediamo tanto disastro nell'ex chiostro del Bramante, attorno a noi, sui massi e sulle mura arrivano frequenti le granate anglo-americane. Dico che sarebbe meglio recarsi nella conigliera risalendo dalle macerie della Loggia. Nel chiostro del Bramante sentiamo cosa è accaduto degli altri. D. Oderisio, d. Nicola, fra Pietro, fra Zaccaria, d. Falconio erano rimasti bloccati in una stanza accanto a quella ove stava il P. Abate; fortunatamente però videro uno spiraglio di luce in un buco; l'allargarono e uscirono fuori nel chiostro della palestra. Oderisio domanda al P. Abate, nel chiostro, cosa egli farà.

Egli risponde che starà con me: lascia però ognuno libero di fare quello che crede. Così d. Nicola, d. Falconio e fra Zaccaria che sono proprio sconvolti, dicono che non possono più resistere in quel luogo e si congedano dal P. Abate; a loro si unisce fra Pietro che crede che uscirà anche il P. Abate.

D. Oderisio pure si congeda e dice di voler passare il fronte con il giovane Salveti. Molta gente pazza dal terrore abbandona il monastero già dopo le prime incursioni. Parecchi vengono colpiti dalle granate.

Agostino mi dice che è impossibile scendere dalle macerie della Loggia del Paradiso, perciò ci rechiamo nelle cappelle inferiori della Torretta, passando per la porta ordinaria ancora libera, poiché il portone superiore dello scalone era ostruito. Mentre entriamo sento gridare: è una donna senza piedi distesa nel locale della posta: viene presa e portata nella Torretta. Nello scalone e nelle cappelle inferiori troviamo ancora molta gente: alcune centinaia[84].

Scrisse Winston Churchill che

Si discusse a quell'epoca lungamente sull'opportunità o meno di distruggerlo ancora una volta. Nel monastero non erano alloggiate truppe tedesche, ma le fortificazioni nemiche si trovavano nelle immediate adiacenze dell'edificio. L'Abbazia dominava l'intero campo di battaglia e il generale Freyberg, quale comandante del corpo d'armata interessato, desiderava naturalmente che essa venisse pesantemente bombardata dall'aria prima di lanciare all'assalto le fanterie. Il comandante d'armata, generale Mark Clark, chiese a malincuore (e ottenne) il permesso di bombardare l'Abbazia al generale Alexander, che accettò di assumersi tale responsabilità. (...), furono lasciate cadere sull'abbazia oltre 450 tonnellate di bombe, che provocarono danni gravissimi: ancora rimangono in piedi le grandi mura perimetrali e il cancello. Il risultato non fu quello sperato: i tedeschi erano ormai pienamente giustificati nel servirsi in tutti i modi possibili delle macerie dell'edificio. Ciò offrì loro ancora maggiori possibilità di difendersi di quando l'abbazia era intatta.

Clark, che era stato contrario al bombardamento, ammetterà dopo la guerra:

---

[84]Cit. in Colloredo, *Am Arsch der Welt*, Bergamo 2018, pp. 44 segg.

... Il bombardamento dell'abbazia fu non solo un inutile errore psicologico, ma militarmente fu un errore di prima grandezza. Esso rese il nostro lavoro più difficile, con un maggior costo in termini di uomini, di mezzi e di tempo.

Un'agenzia di stampa tedesca scrisse:

Secondo informazioni pervenute, l'abbazia benedettina di Cassino è in fiamme dall'inizio dell'attacco americano di questa mattina. Al momento del bombardamento, non essendoci truppe tedesche nel monastero o nelle sue vicinanze, non vi furono uomini disponibili per combattere il fuoco e il venerabile edificio non poté essere salvato. In vista della completa distruzione dell'abbazia, le reiterate dichiarazioni dell'Alto Comando tedesco che l'abbazia, casa madre dell'ordine Benedettino, doveva essere esclusa dalla sfera delle operazioni militari, sembrano essere state completamente dimenticate.

L'Agenzia Internazionale di notizie a sua volta riportava:

Nel corso della mattinata trenta bombardieri americani hanno bombardato la venerabile abbazia benedettina di Cassino con grosse bombe ad alto esplosivo, che hanno causato vasti danni agli edifici del monastero. Per dare a quest'azione una parvenza di giustificazione, gli Americani avevano in precedenza fatto cadere sull'abbazia e sulle rovine della città di Cassino dei volantini, nei quali essi ripetutamente asserivano che il monastero era stato trasformato dalle truppe tedesche in una specie di apprestamento militare di difesa. In riferimento a ciò, le autorità tedesche hanno ancora confermato che l'intera abbazia e un'ampia zona circostante sono sbarrate a ogni movimento militare. La biblioteca famosa in tutto il mondo fu salvata trasferendola a Roma qualche mese fa da militari della *Luftwaffe* e consegnata alle autorità vaticane. Dal trasferimento della biblioteca nessun soldato tedesco è entrato nel territorio del monastero; l'unica via di accesso è sorvegliata da un appartenente alla polizia militare che proibisce a chiunque, che non sia autorizzato, di entrare nel monastero. La distruzione del monastero è un atto di rivalsa degli Americani, perché i loro attacchi nel settore di Cassino hanno fallito ancora una volta di fronte all'ostinata difesa tedesca

Il 18 febbraio il generale von Senger und Etterlin, per inciso terziario benedettino, ebbe un colloquio con l'abate Diamare.

Senger: «... è stato fatto tutto da parte tedesca, veramente tutto, per non offrire al nemico l'occasione di attaccare il monastero».
Diamare: «Generale, io posso solo confermare ciò. Voi avete dichiarato che l'abbazia di Montecassino era zona protetta, voi avete proibito alle truppe tedesche di entrare nell'area dell'abbazia, voi avete ordinato che entro un determinato perimetro tracciato intorno all'abbazia non dovevano essere piazzate armi, posti di osservazione e stazionamento di soldati. Avete instancabilmente fatto osservare questi ordini ... Fino al momento della distruzione dell'abbazia di Monte Cassino nella zona del monastero non vi era un soldato, un'arma e nessuna installazione militare tedesca».
Senger: «Sono venuto a conoscenza troppo tardi che nella zona del monastero erano stati lanciati dei manifestini recanti l'avvertimento dell'imminente bombardamento. Ho saputo ciò dopo lo stesso bombardamento. Nessun manifestino è stato lanciato sulle postazioni tedesche».
Diamare: «Io nutro il sospetto che i manifestini siano stati lanciati tardi di proposito onde non darci la possibilità di avvertire i comandanti tedeschi o di evacuare in zona di sicurezza circa 800 ospiti del monastero ... Noi semplicemente non credevamo che gli inglesi e gli americani avrebbero attaccato l'abbazia. Quando sopraggiunsero e lanciarono

le bombe, abbiamo sventolato dei panni bianchi per far loro capire che noi eravamo disarmati, che non eravamo un obiettivo militare, che quello era soltanto un luogo sacro. Ma non servì a nulla. Essi hanno distrutto il monastero e ucciso centinaia di persone innocenti»[85].

Non si può non condividere quanto scritto da Rudolf Böhmler:

> L'inutile distruzione del convento non volse la sorte a favore degli Alleati. Ambizione personale, considerazioni politiche, un sorprendente disprezzo per gli alti valori della civiltà e una cieca sopravvalutazione dell'effetto dei bombardamenti a tappeto portarono alla distruzione di insostituibili valori della civiltà, trasformarono gli imponenti edifici del convento in un penoso mucchio di macerie, a vergogna del Comando occidentale, a danno dei soldati alleati, a vantaggio della propaganda di Goebbels e ... dei difensori tedeschi! [86]

Nella notte del 17 febbraio, la 2nd *NZ Inf. Division* attaccò la città.
Il 28°battaglione neozelandese incaricato dell'operazione di conquistare della stazione ferroviaria e dell'area di Cassino vicino alla Casilina, nonostante la tenace resistenza tedesca aiutata anche da campi minati, in una prima fase riuscì a raggiungere gli obiettivi prefissati mentre alle spalle i genieri lavoravano senza sosta per costruire una strada per i carri armati di supporto. La mattina seguente, tuttavia, questi ultimi si trovarono sotto un preciso e costante fuoco delle artiglierie germaniche tale da fargli abbandonare i lavori, lasciando così gli uomini del 28° battaglione senza aiuto per mantenere le posizioni appena conquistate. I neozelandesi vennero così fatti ritirare impiegando come diversivo una cortina fumogena per nasconderli dal tiro dell'artiglieria. Ma la stessa cortina di fumo utilizzata dagli Alleati venne sfruttata dai tedeschi per celare il loro contrattacco sulle posizioni appena perse che, infatti, vennero immediatamente riconquistate.
Riportiamo la testimonianza di Hermann Völk, all'epoca aiutante di battaglione del II./4. FJ-*Regiment*.

> il 15 febbraio 1944 l'Abbazia venne distrutta su ordine Alleato, sebbene a nessuno soldato tedesco vi fosse consentito l'accesso. Proprio per questo motivo, i bombardamenti non fecero nessuna vittima tra i soldati tedeschi, giacché gli accampamenti erano situati lontano dall'area bombardata. Su quota 593 (chiamata Monte Calvario) si trovavano solamente poche forze di fanteria e nessuna postazione consolidata. Perciò i cinque battaglioni indiani della 4^ Divisione Indiana riuscirono ad occupare il Monte Calvario con velocità e facilità. Il 1° FJ-Rgt. e il 2° FJ-Rgt. sotto la guida di Egger si stavano dirigendo verso tale luogo per essere a disposizione come forze di riserva. Al loro arrivo, le squadre di paracadutisti passarono direttamente all'attacco di loro iniziativa e tennero sotto controllo tutte le zone circostanti quota 593 fino al mattino del 19 febbraio 1944. Da questo momento in poi il 4° FJ-Rgt. detenne il controllo di tutte le quote circostanti Monte Cassino (519 m): da quota 593 e le quote in direzione sud-est. Le rovine della distrutta Abbazia di Monte Cassino vennero incluse nelle aree di combattimento del 4° Fj-Rgt solamente a partire dal 20 febbraio 1944. Ininterrotti attacchi con granate, continui bombardamenti fumogeni e l'impiego di granate al fosforo trasformarono la montagna in un unico grande inferno. Gli olivi in fiamme (incendiati dal fosforo) resero per giorni la montagna un inferno in fiamme. Tuttavia, trovammo il modo di estrarre i feriti e i caduti e di trasportare le munizioni dalla valle alla montagna (quando quelle recuperate

---

[85]Ibid., p.109.
[86]Le citazioni in Pistilli, op. cit.,p. 98.

dal contrattacco non erano sufficienti). All'epoca di questi avvenimenti, io ero Aiutante di Battaglione del 2° Battaglione/4° Fj-Rgt. ed ero il responsabile della Compagnia di Stato Maggiore, al cui plotone di pionieri e truppe di segnalatori erano stati affidati compiti importanti. Alcune settimane dopo, subentrai alla VII e VIII compagnia del 4° Fj-Rgt. con una chiara delimitazione dei settori all'interno dell'Abbazia. Avevamo abbandonato il trasporto di grandi quantità di munizioni sulla montagna per evitare di incrementare la perdita di uomini nella cosiddetta "gola della morte"; ordinai, invece, che le attività di attacco fossero svolte principalmente dai lanciagranate dal fondovalle.

Le attività di tiro venivano gestite via radio dalle rovine dell'Abbazia. Il misfatto commesso con il bombardamento dell'Abbazia gravava, quindi, come una maledizione sulle postazioni inglesi e indiane, sebbene l'artiglieria americana tenesse sotto tiro le rovine del Monastero dal Monte Trocchio. L'imponente montagna di rovine e detriti si ergeva come un muro possente tra i posti di osservazione e le mitragliatrici. Tale situazione non subì cambiamenti nemmeno in seguito ai bombardamenti del 15 marzo 1944, principalmente perché, durante i bombardamenti, io diedi l'ordine di sparare le pallottole traccianti inglesi, di cui ci eravamo impossessati, con lo scopo di disturbare gli aerei zanzara [l'aereo britannico mod. *Havilland* DH.98 *Mosquito*, ndA]. Avevo fatto predisporre queste pallottole traccianti proprio in previsione di un nuovo bombardamento. Gli aerei sospesero i bombardamenti molto presto, per questo non persi nemmeno un uomo in questo secondo attacco. Inoltre, eravamo pochi uomini disseminati su un'area troppo vasta perché potessimo essere colpiti[87].

Subito dopo la conclusione della seconda battaglia per Cassino, i vertici militari alleati iniziarono a pianificare le loro successive mosse col fine di mantenere alta la pressione sulla Linea Gustav ed impedire così ai tedeschi di minacciare in forze lo sbarco effettuato ad Anzio. In seguito, ritenuto oramai consolidata la testa di ponte alleata ad Anzio, il generale Alexander rivide i propri progetti ed elaborò un nuovo piano generale d'attacco volto a spezzare la linea Gustav una volta per tutte, seguendo il suggerimento del suo capo di stato maggiore tenente generale John Harding. Per realizzarlo ordinò l'invio e l'impiego nella zona tra Cassino ed il mare del maggior numero possibile di unità militari Alleate, corrispondenti a quattro corpi d'armata costituiti da nove divisioni per aprire un varco attraverso la linea fortificata.

Il 21 febbraio vennero effettuati i preparativi di un ulteriore attacco predisposto dal generale Freyberg e chiamato *operazione Dickens*. Anche in questa occasione si decise di attaccare frontalmente sia Cassino che la collina e fu previsto un massiccio impiego di aviazione ed artiglieria.

Nel frattempo le forze tedesche avevano avuto il tempo di rimpiazzare gli uomini che avevano combattuto la campagna invernale e avevano trasformato i resti del monastero in una vera e propria fortezza.

Nei giorni successivi le condizioni climatiche avverse, tra cui freddo e neve, rallentarono notevolmente l'attività della fanteria ma non quella dell'artiglieria alleata che martellò incessantemente le postazioni nemiche.

Il 10 marzo il II Corpo d'armata neozelandese, che ricevette la pianta della città di Cassino con le postazioni nemiche e la dislocazione dei campi minati, si preparò all'attacco.

Il 15 marzo tutti i più alti gradi delle forze alleate, compreso il Maresciallo Alexander, erano riuniti presso il comando operativo del II Corpo d'armata a Cervaro, per assistere al bombardamento che avrebbe dovuto radere al suolo l'abbazia di Cassino.

---

[87]Consultabile su https://www.cdsconlus.it/index.php/2016/09/15/la-battaglia-di-cassino-in-presa-diretta-testimonianze-inedite-di-protagonisti/

Alle 8.30 del 15 marzo con il lancio della prima serie di bombe iniziò la seconda fase della battaglia: i bombardamenti durarono quattro ore, nel corso dell'operazione vennero impiegati 575 bombardieri e 200 cacciabombardieri e furono sganciate 1.140.000 Kg di bombe ad alto potenziale esplosivo, forse più che sulla stessa Berlino.

Considerato che le forze tedesche consistevano di circa 350 uomini tra paracadutisti e guastatori si è calcolato che per ogni soldato tedesco sono stati sganciati circa 4.000 Kg di esplosivo.

Dopo la valanga di fuoco solo un gruppo di paracadutisti rifugiatisi in una caverna ai piedi di Montecassino riuscì a salvarsi.

Anche tra gli alleati vi furono alcune perdite a causa di errori di comunicazione.

Terminato il bombardamento al posto di strade e case vi erano solo macerie e crateri causati dalle esplosioni. La città era completamente rasa al suolo.

Dopo l'aviazione fu la volta dell'artiglieria, della fanteria e dei carri armati che attaccarono ciò che rimaneva di Cassino. Scrive Böhmler:

> Il bombardamento aereo aveva terribilmente decimato le file del II Battaglione del 3° Reggimento paracadutisti. Il giorno prima il II Battaglione assommava a circa 300 uomini e cinque cannoni d'assalto: di questi, 160 uomini almeno e 4 cannoni erano ora sepolti dalle macerie. La 7ª Compagnia era stata colpita in modo particolarmente duro. Soltanto un pugno di uomini sopravvisse all'attacco aereo e al fuoco d'artiglieria. Essi vennero circondati nel pomeriggio stesso, e ben pochi riuscirono a raggiungere le proprie linee. Altre compagnie furono ridotte a 15, 20 uomini; soltanto la 6ª Compagnia non registrò nessuna vittima. All'inizio dell'attacco era stata destinata come riserva, assieme al comando del battaglione, nella cantina di un negozio. Quando i bombardieri di Eaker sganciarono le prime bombe su Cassino, il capitano Foltin trasferì, nelle brevi pause, la 6ª Compagnia e il suo comando in una grotta ai piedi del monte del Convento. A ciò si deve la salvezza della compagnia e la sconfitta dei neozelandesi[88].

Testimoniò un paracadutista tedesco:

> Più e più grappoli di bombe caddero. Ci rendemmo conto che ci volevano annientare, non potevamo capire che questo terribile avvenimento sarebbe andato avanti così a lungo ... Il sole perse la sua luminosità. Fu come la fine del mondo ... Camerati furono feriti, sepolti vivi furono tirati fuori a fatica e a volte sepolti per la seconda volta. Interi plotoni e squadre furono annientati da colpi in pieno. I sopravvissuti fuggivano in coppia o in piccoli gruppi dalle case che stavano divenendo delle trappole per gli uomini e si rifugiavano nelle buche delle bombe. Molti di loro unirono le braccia e nello stesso tempo si tapparono le orecchie perché gli scoppi non ledessero i loro timpani. Sopravvissuti in fuga, mezzo impazziti per le esplosioni, girovagavano quasi istupiditi, inebetiti, evitando qualsiasi copertura, finché, colpiti in pieno da un'esplosione, sparivano. Altri balzavano precipitosamente in direzione del nemico, senza curarsi di aver abbandonato la propria postazione, per scappare da quell'inferno.

I circa 100 paracadutisti tedeschi sopravvissuti al bombardamento organizzarono la difesa della città tra le macerie e riuscirono a bloccare l'avanzata alleata, poiché era praticamente impossibile per i carri armati avanzare tra le macerie delle case e gli innumerevoli crateri delle bombe.

Vale la pena a questo punto di esaminare più in dettaglio il comportamento dei paracadutisti tedeschi nel corso della terza battaglia.

---

[88] Böhmler, cit. in ibid., p. 119.

Malgrado le perdite pesantissime il morale dei parà della 1ª divisione era molto alto: non solo erano uniti dallo spirito di corpo ma si era stabilito fra tutti un legame particolarmente stretto derivante dal fatto che essi avevano condiviso i pericoli dei lanci con il paracadute ed imparato a fare affidamento sulla professionalità e su coraggio di ciascuno di loro. Molti ufficiali e sottufficiali erano veterani delle campagne d'Olanda, Belgio, Creta e URSS. Per tradizione gli ufficiali più elevati in grado erano sempre in prima linea con i soldati e impartivano gli ordini sotto il fuoco e non da posizioni riparate. Ovviamente non era soltanto lo spirito combattivo a fare della 1ª divisione un'unità di prim'ordine: un elemento importante risiedeva nell'addestramento.

Il livello d'addestramento degli uomini e la loro capacità di adattarsi alle situazioni più disparate erano da attribuire a Heidrich, comandante della divisione. Egli credeva in una preparazione ampia, approfondita e con molta immaginazione. Aveva imposto l'utilizzo di munizioni non a salve in tutte le esercitazioni ed aveva abituato i suoi uomini ad essere individualisti, tenaci e sicuri.

Ogni *Fallschirmjäger* riceveva un addestramento completo: era fante, geniere ed artigliere anticarro, tutto in un solo uomo. L'attenzione avuta nei confronti dell'addestramento in campi come quello di Friburgo e perfezionato nelle campagne di cui i *Fallschirmjäger* erano ormai veterani avrebbe poi dato i suoi frutti proprio a Montecassino.

I neozelandesi riuscirono a conquistare la rocca Janula solo dopo aspri combattimenti mentre la SS 6 Casilina rimaneva ancora in mano tedesca. Con il favore della notte il generale Heidrich poté inviare rinforzi ai soldati tedeschi, i quali furono ulteriormente protetti dall'artiglieria posta sulle alture.

Freyberg ordinò allora l'attacco del monastero, che fallì nonostante gli sforzi dei *Rajputana* che giunsero fino a quota 236 e dei Gurkha che, passando per la quota 434, detta la *collina del boia* (dal pilone della funicolare che era rimasto in piedi, ma in realtà il nome inglese era *Hanging Hill*, la *collina dell'impiccato*), giunsero a quota 435, per poi essere ributtati indietro dai tedeschi.

> Dopo un inconsueto violento bombardamento sul fronte meridionale, il nemico ha attaccato la città di Cassino con l'appoggio dell'artiglieria pesante e di carri armati. Gli attacchi si sono esauriti di fronte all'eroica resistenza del 3° Reggimento paracadutisti, comandato dal colonnello Heilmann, con il valido appoggio del 71° Reggimento mortai comandato dal tenente colonnello Andrae[89].

Tra il 16 e il 17 marzo i genieri riuscirono a ricavare un passaggio per i carri armati tra le macerie della città e gli alleati riuscirono così a conquistare la stazione ferroviaria, poco distante dalla via Casilina.

Il 17 marzo vi fu una breve tregua che permise alle due fazioni di recuperare morti e feriti. Il giorno successivo i paracadutisti tedeschi tentarono di riprendere la stazione, ma i soldati neozelandesi li respinsero; nel frattempo due compagnie del Battaglione *Essex* furono inviate sulla rocca Janula per rinforzare i Gurkha del I/9°, rimasti soli sullo sperone dell'*Hanging Hill*.

Il 18 marzo il bollettino dell'OKW parlava di *entsetzlisch Kampf, terrificante lotta* per il centro della cittadina laziale:

> Nel fronte meridionale la terrificante lotta per il centro di Cassino continua senza diminuire di violenza. La stazione ferroviaria di Cassino è stata persa dopo un duro combat-

---

[89] Bollettino tedesco del 16 marzo 1944.

timento. Tra le rovine della città sono ancora in corso aspri combattimenti.

Il 19 marzo i Maori tentarono la conquista dell'Hotel *Continental* - che in realtà si chiamava *Excelsior*- per poter giungere alla via Casilina, ma ancora una volta i paracadutisti tedeschi riuscirono a bloccarli. Nel frattempo la Brigata indiana cercò di respingere l'attacco tedesco nei pressi della rocca Janula; dopo due ore di tregua per il recupero dei morti e dei feriti, neozelandesi, indiani e americani con molti mezzi corazzati partirono da Caira verso la Masseria Albaneta alla volta di Montecassino. I genieri avevano infatti realizzato una strada denominata *Cavendish Road* che terminava a 800 metri dal monastero.
Qui i carri armati alleati, obbligati a muoversi in fila, si trovarono sotto il fuoco d'artiglieria tedesco prima, e poi assaltati in combattimento ravvicinato subito dopo, e furono distrutti o costretti a battere in ritirata. Fallì così l'ennesimo attacco alleato.
Scrisse von Senger und Etterlin:

> Conoscevo il terreno di Podere Albaneta, Quota 593 e Quota 444, per esserci passato a piedi mentre andavo a ispezionare un battaglione della 90ª divisione granatieri corazzati. Allora le tracce di sangue lasciate dai feriti in barella che venivano portati via mi avevano segnato il percorso lungo la salita. Si trattava di posizioni sistemate molto bene a difesa, che venivano via via perfezionate dai soldati. (…) Come sempre accade nella lotta a distanza ravvicinata, la vicinanza fisica dell'avversario creava una specie di cameratismo tra i combattenti delle fazioni opposte. Questo cameratismo si manifestava soprattutto in presenza dell'angoscioso problema del trasporto dei feriti. Spesso si arrivò, come mi era già capitato di vedere durante le operazioni in montagna, a tregue di carattere locale, in maniera che tedeschi e alleati potessero mettere al sicuro i rispettivi feriti. A varie riprese i nostri paracadutisti dislocati su Montecassino lasciarono passare dei feriti alleati anche senza alcun accordo preventivo. Un po' alla volta si stabilì la consuetudine di raccogliere i feriti, quando non era possibile fare altrimenti, di pieno giorno sotto la protezione dell'insegna della Croce Rossa.

Prima dell'attacco dei neozelandesi, il II° battaglione aveva una forza di 300 uomini e 5 cannoni; dopo l'incursione si era ridotta a 140 uomini e un cannone. La 7ª compagnia era stata ridotta a un pugno di parà, mentre la 5ª e la 8ª non avevano più di 30 paracadutisti ciascuna.
La 6ª compagnia, che aveva trovato rifugio in una caverna nella roccia ai piedi del colle dell'abbazia, non aveva subito perdite.
Heidrich, che all'alba si era portato al quartier generale del 3. *Fallschirmjäger*- Regiment, non riusciva più a stabilire contatti con il II° battaglione né con il XIV. *Panzerkorps*, dal momento che con il bombardamento tutte le comunicazioni si erano interrotte. La difesa di Montecassino era nelle mani di quei gruppi sparsi di parà che erano riusciti ad emergere dalle macerie dopo il martellamento compiuto dai bombardieri.
Paradossalmente, per gli alleati l'effetto di quel massiccio bombardamento fu deludente: la metà dei parà tedeschi era fuori gioco, ma il morale dei superstiti non era stato spezzato. Erano anzi furiosi e pronti a combattere fino all'ultimo uomo. Il bombardamento si rivelò anche un fallimento tattico in quanto aveva trasformato l'intera zona in un paesaggio lunare pieno di macerie e di crateri che rendevano l'avanzata delle truppe alleate molto difficile.
I cumuli di detriti causati dall'incursione rallentarono la marcia dei neozelandesi i quali furono anche costretti ad abbandonare i loro mezzi corazzati di supporto. In questo modo

l'attacco divenne una lenta, scoordinata avanzata che forniva ai paracadutisti tedeschi ottime occasioni per combattere brevi, aspri scontri per ritardare il nemico.

Sebbene avesse perso ogni contatto con il secondo battaglione e fosse nell'impossibilità di coordinare direttamente la difesa, Heidrich riuscì egualmente a dirigere un devastante fuoco di artiglieria sulle unità neozelandesi che avanzavano. In particolare le salve dei mortai e il fuoco dell'artiglieria posta in alto ebbero lo stessero effetto di un bombardamento a tappeto.

Tuttavia, nonostante gli sforzi dei parà tedeschi e l'appoggio dell'artiglieria, entro la sera del 15 marzo i due terzi della cittadina erano stati conquistati dalle forze neozelandesi.

Nei sei giorni che seguirono, la terza battaglia di Cassino divenne uno scontro all'ultimo sangue tra le forze alleate e i parà tedeschi. Ad un certo punto le forze alleate – che erano riuscite a circondare l'abbazia – furono respinte. Heidrich, resosi conto che non era possibile difendere tutti i settori del perimetro, il 16 marzo decise di stabilire a Cassino linee difensive più corte. Due posizioni, un albergo chiamato dagli Alleati *Continental* e l'albergo delle Rose, dominavano la direttrice d'avanzata neozelandese lungo la strada statale n.6 (Casilina) e i punti di accesso dei reparti indiani al massiccio dietro il Colle del Castello. Entrambi gli alberghi furono trasformati in capisaldi ed un carro armato venne addirittura murato nel salone d'ingresso del *Continental*. I parà tedeschi scavarono trincee in mezzo agli edifici circostanti e buche nelle quali sistemarono le armi pesanti. Quindi, con il favore dell'oscurità, Heidrich fece infiltrare lentamente i rinforzi[90].

Il 20 marzo gli alleati tentarono un colpo di mano contro i *Fallschirmjäger*, ma anche questo tentativo fallì. A questo punto il generale Alexander, convocato il consiglio di guerra, decise la sospensione della battaglia. Tutti i generali furono concordi con Alexander, ad eccezione di Freyberg che chiese ed ottenne di effettuare un ultimo tentativo, e così il 2 marzo il 2° Corpo d'armata neozelandese sferrò un attacco contro i paracadutisti tedeschi. l'ennesimo, sanguinoso, fallimento.

I neozelandesi persero 1.600 uomini, la 4ª Divisione indiana oltre 3.000.

Il 22 marzo il Maresciallo Alexander dispose la sospensione definitiva dei combattimenti.

I comandanti dei due schieramenti erano consapevoli che il fallimento dell'avanzata era interamente dovuto alla strenua difesa delle linee da parte della 1ª divisione paracadutisti. Il generale americano Marshall riferì che i ripetuti tentativi di conquistare la città fallirono di fronte all'accanita resistenza di unità tedesche di prim'ordine e precisamente la 1.*Fallschirmjäger- Division* che il Maresciallo Alexander definì come la migliore divisione tedesca vista su qualsiasi fronte.

Il comandante della 10. *Armee*, Vietingoff, da parte sua, riferì a Kesselring che *nessun'altra formazione, a parte la 1ª divisione paracadutisti, avrebbe potuto resistere a Cassino*.

Le perdite erano state elevatissime.

Il 3. *Fallschirmjäger*-Regiment, ad esempio, su una forza originale composta da 700 uomini, riportò 50 morti, 270 dispersi e 114 feriti.

Alla fine di marzo del 1944 la 1.*Fallschirmjäger- Division*, duramente provata, ma vittoriosa, venne ritirata dal fronte di Cassino per una settimana di riposo prima di tornare in prima linea.

Tornato sulla linea del fronte, Heidrich posizionò il FJR 4. e un battaglione di mitraglieri

---

[90]http://www.difesaonline.it/news-forze-armate/storia/cassino-1944-la-stele-delle-inutili-polemiche-e-dei-veri-eroi

paracadutisti nella cittadina di Cassino e tra le macerie della stessa abbazia, mentre il FJR 3. venne tenuto di riserva; truppe di montagna vennero aggregate alla divisione per difendere Monte Cairo.

I neozelandesi persero 1.600 uomini, la 4ª Divisione indiana oltre 3.000.

Il Maresciallo Alexander predispose la sospensione definitiva dei combattimenti.

Infuriato per l'ennesima disfatta di fronte alle truppe di Kesselring Churchill inviò un Telegramma di fuoco ad Alexander:

> Desidero mi spieghiate come mai questa vallata presso la collina dell'abbazia di Montecassino, larga appena dai 3 ai 5 chilometri, rappresenti l'unico fronte contro cui dovete continuamente dar di cozzo. Ormai in questo settore sono state logorate da 5 a 6 divisioni. Non conosco, a dire il vero, il terreno e le condizioni in cui si combatte, ma, guardando le cose da lontano, mi vien fatto di chiedermi perché, se il nemico può essere contenuto e tenuto in rispetto su tale fronte, non si compiano attacchi sui fianchi. Pare a me assai difficile intendere perché questa posizione così potentemente fortificata sia l'unico varco che consenta di avanzare o perché, una volta che essa sia militarmente insuperabile, non si possa guadagnare terreno sull'uno e sull'altro lato. Ho la massima fiducia in voi e vi sosterrò in ogni occasione, ma dovete cercare di spiegarmi perché non venga compiuto alcun movimento avvolgente.

Alexander rispose:

> Rispondo al vostro telegramma del 20 marzo. Lungo tutto il fronte principale, dall'Adriatico alla costa tirrenica, soltanto la vallata del Liri porta direttamente a Roma e offre un terreno adatto allo spiegamento della nostra superiorità in fatto di artiglieria e di mezzi corazzati. La grande strada denominata ufficialmente *strada statale n. 6* [la Casilina, ndA] è la sola, ove si eccettuino le strade carrozzabili, che dalle montagne dove ci troviamo si addentra nella valle del Liri, superando il fiume Rapido. Lo sbocco nella pianura è dominato dal monte Cassino, su cui sorge il monastero. Ripetuti tentativi sono stati compiuti per aggirare il colle dell'Abbazia da nord, ma sono tutti falliti a causa dei profondi burroni, delle scarpate rocciose e delle creste affilate che consentono la manovra soltanto a reparti relativamente piccoli di fanteria, i quali possono essere riforniti solo a mezzo di portatori e, ma in misura limitata, di muli nei tratti dove siamo riusciti, con grandi difficoltà, a costituire qualche mulattiera. Inoltre, il colle dell'Abbazia è isolato quasi completamente sul versante nord da un burrone così scosceso e profondo che sinora non si è riusciti ad attraversarlo. Un movimento aggirante a raggio più largo è anche più difficile, per il fatto che in tal caso si dovrebbe superare il monte Cairo, dai fianchi ripidissimi e ora per giunta coperto da una spessa coltre di neve. Gli americani tentarono di aggirare il bastione di Cassino da sud, mediante un attacco oltre il Rapido, ma esso, come già sapete, fallì con gravi perdite per la 34ª e la 36ª Divisione. Il Rapido è difficile da attraversare a valle di Cassino, dove il terreno è soffice, anzi in questa stagione paludoso per via delle inondazioni, ciò aumenta le difficoltà della costruzione di ponti, data la mancanza di strade lungo le quali far affluire materiali da costruzione e a causa delle munitissime posizioni nemiche in lontananza sulla riva destra. Per di più la traversata del Rapido a sud di Cassino, come già è stato provato dai fatti, va compiuta sotto il potentissimo tiro d'infilata dell'artiglieria nemica in postazione ai piedi delle montagne immediatamente a nord o a ovest di Cassino o anche sulle colline a sud della valle del Liri. Con la sua offensiva, Freyberg voleva attaccare direttamente questo bastione; il successo di essa dipendeva dalla possibilità di aver ragione della resistenza nemica con la sorpresa e con un concentramento schiacciante di potenza di fuoco. Il piano prevedeva la rapida occupazione di Cassino, l'aggiramento successivo dei fianchi orientale e meridionale del colle dell'Abbazia e infine la conquista del bastione con un assalto lanciato da una direzione lungo la quale l'artiglieria nemica non potesse seriamente ostacolare i nostri movimenti.

Il tentativo riuscì quasi completamente nella fase iniziale, con perdite trascurabili. Costituimmo, e ancora manteniamo, due teste di ponte oltre il Rapido, una sulla strada n. 6 e l'altra oltre il ponte della ferrovia; entrambi i ponti sono adatti al passaggio dei carri armati. I Gurkha si portarono contemporaneamente, e ancora si trovano, a duecento o trecento metri dall'Abbazia. Il fatto di non esser riusciti a conseguire l'obiettivo nelle prime 48 ore può essere brevemente spiegato con le osservazioni seguenti. I danni arrecati alle strade di Cassino dai bombardamenti furono così imponenti che ne risultò gravemente ostacolato l'impiego dei carri armati e di ogni altro automezzo da combattimento. La tenacia dei paracadutisti tedeschi è davvero eccezionale, ove si consideri che sono stati sottoposti al più grande concentramento di fuoco mai prima attuato, per ben sei ore, a opera dell'intera aviazione del Mediterraneo e di gran parte dei nostri 800 pezzi d'artiglieria.
Stento a credereche vi siano altre truppe al mondo che avrebbero potuto resistere a tale tempesta di fuoco e poi passare all'attacco con la ferocia da essi dimostrata. Mi incontrerò domani con Freyberg e i comandanti di corpo d'armata per discutere la situazione. Qualora desistessimo dall'attaccare, dovremmo pur sempre difendere i due ponti sul Rapido e rettificare le nostre posizioni in modo da poter tenere i vantaggiosi capisaldi strategici già in nostro possesso. Il progetto dell'8ª Armata di irrompere in forze nella vallata del Liri verrà effettuato non appena sia terminato il raggruppamento. Il piano deve contemplare un attacco su un fronte più vasto e con forze più ingenti di quelle che Freyberg ha potuto concentrare per questa operazione. Un po' più tardi, quando la neve si sarà sciolta sui monti, i fiumi si saranno sgonfiati e il suolo si sarà rassodato, potremo muoverci sopra un terreno che attualmente è impraticabile[91].

Nella *Storia della seconda Guerra Mondiale* Churchill riassume gli eventi della seconda battaglia di Cassino nel modo seguente:

Dopo un imponente bombardamento, nel quale furono lanciate quasi 1000 tonnellate di bombe e 1200 tonnellate di proiettili, la nostra fanteria passò all'attacco.
Mi sembrava inconcepibile dichiarò Alexander *che dei soldati potessero rimanere vivi dopo un simile terribile martellamento durato per otto ore*[92].
Ma in realtà molti rimasero vivi. La divisione tedesca di paracadutisti, probabilmente la migliore unità di tutto l'esercito germanico, combatté disperatamente tra mucchi di macerie contro neozelandesi e indiani.
Al cader della notte la maggior parte della cittadina era nelle nostre mani, mentre la 4ª divisione indiana, avanzando da nord, aveva fatto ugualmente buoni progressi, tanto che il giorno successivo si trovava ad aver percorso i due terzi del tratto che la separava dal colle dell'abbazia.
A questo punto le sorti della battaglia ci si volsero contro. I nostri carri armati non potevano attraversare gli ampi crateri scavati dalle bombe e tener dietro alla fanteria che attaccava; quasi due giorni trascorsero prima che potessero prestare man forte. Intanto il nemico aveva fatto affluire rinforzi e il tempo si era volto al brutto con tempeste e piogge. I nostri attacchi guadagnarono terreno, ma il successo iniziale non si ripeté; e il nemico poté resistere alla durissima lotta. La battaglia tra le rovine di Cassino continuò sino al 23 marzo, con aspri attacchi e non meno aspri contrattacchi.

Terminava così la seconda fase della battaglia di Cassino, durante la quale i tedeschi avevano sì subito ingenti perdite, ma avevano anche dimostrato che la fanteria, se ben addestrata e armata e favorita dal terreno, era capace di resistere anche all'attacco di preponderanti unità corazzate. Il 22 Juin annotava:

---

[91]Cit. in ibid., p. 124 segg.
[92]Il riferimento è al telegramma più sopra citato.

> I tedeschi continuano a difendersi con costante tenacia fra le rovine della città e non perdono un'occasione per sferrare dei contrattacchi. Ogni singola casa deve essere espugnata, e in questo genere di combattimento, con le posizioni tedesche ed alleate concatenate fra di loro e i neozelandesi che stentano a ricevere rinforzi, i tedeschi, e soprattutto i paracadutisti, sono tutt'altro che impacciati. Questa ostinata e anche sorprendente resistenza, confonde il Comando Superiore alleato. Il Generale Clark, che mi convocò ieri 21 al suo Comando, è preoccupato e nervoso. La situazione è tutt'altro che semplice.

Il 23 marzo Kesselring si recò a Cassino per rendersi conto personalmente di quanto avvenuto nei giorni precedenti; lo stesso giorno a Roma avvenne l'attentato terroristico di via Rasella di cui il Feldmaresciallo venne informato al suo rientro al Quartier Generale di Monte Soratte.
Il primo aprile l'OKW emise il seguente bollettino di guerra.

> La pressione nemica contro la parte est di Cassino ha avuto un improvviso calo. Truppe d'assalto hanno spazzato via sacche di resistenza nemiche e posti di comando; munizioni ammassate sono state sottoposte al tiro della nostra artiglieria.

A questo punto Alexander consentì a Freyberg di trasferire l'8ª Armata nel settore di Cassino per l'offensiva finale.
A metà marzo, infatti, il generale Anders con il colonnello Wisniowski s'incontrarono con il generale Leese comandante dell'8ª armata per predisporre l'attacco che ci sarebbe stato in primavera. L'8ª armata avrebbe dovuto forzare il Rapido e conquistare il Monastero, dopodiché la 5ª armata si sarebbe unita all'8ª per mettersi in contatto con la testa di ponte alleata ad Anzio e giungere a Roma nel più breve tempo possibile.
Il fronte che andava da Gaeta a Cassino vi erano 17 divisioni, nove delle quali con l'8ª armata guidata dal generale Leese ed otto con la 5ª armata di Clark.
Al 2° Corpo d'armata polacco fu affidato il compito di procedere all'assalto di Montecassino.
La terza fase della battaglia di Cassino, che si svolse nel mese di maggio col favore delle migliorate condizioni climatiche primaverili, ebbe come premessa una serie di attività il cui intento era quello di far credere ai tedeschi che le forze alleate avrebbero sospeso ogni tentativo di sfondare la linea Gustav, in favore di un'azione di sbarco nel settore di Civitavecchia.
Certo del fatto che la vittoria a Cassino avrebbe posto termine alla campagna d'Italia e permesso l'annientamento finale delle truppe di Kesselring, Alexander emise un ordine del giorno colmo di bombastica sicurezza, quantomeno prematura:

> Stiamo per distruggere le armate tedesche in Italia. La lotta sarà aspra e accanita, forse lunga, ma voi siete combattenti e soldati di alta classe che per oltre un anno avete conosciuto solo vittorie. Avete coraggio, risolutezza e capacità. Sarete appoggiati da schiaccianti forze aeree; riguardo a cannoni e carri armati siamo superiori ai tedeschi. Prima d'ora nessun esercito è mai sceso in battaglia per una causa più giusta. Così, con l'aiuto e la benedizione di Dio, confidiamo nella vittoria.

Le operazioni di spostamento dell'8ª armata avvennero nottetempo. Il Corpo d'armata polacco, stanziato dietro Montecassino, ebbe l'ordine di osservare il silenzio radio; le divisioni britanniche che avrebbero dovuto forzare il Rapido e il Gari si esercitarono all'attraversamento dal fiume dietro la linea del fronte ed i lavori per l'attraversamento

furono realizzati nottetempo per essere mimetizzati durante il giorno.
Le divisioni marocchine, nel frattempo, avanzarono verso gli Aurunci e si spinsero fino a monte Maio. Le divisioni indiana e britannica passarono il fiume Rapido a sud di Cassino e si trincerarono sulla sponda opposta. Alle ore 1.00 del 12 anche i soldati polacchi avviarono il loro attacco cercando di raggiungere quota 517, conosciuta come *dorsale del fantasma – Widmo* in polacco.
la 3ª Divisione fucilieri *Karpathia*, che conquistò la quota 593 di monte Calvario, mentre l'attacco alla masseria Albaneta non ebbe buon esito nonostante le gravi perdite, e i polacchi vennero respinti dai *Fallschirmjäger*.
Nonostante i pesantissimi attacchi aerei i paracadutisti tedeschi riuscirono a rioccupare monte Calvario e polacchi ripiegarono con gravi perdite
Al termine del primo giorno della terza battaglia di Cassino solo il generale Juin poteva asserire di aver riportato un successo significativo.
Ecco come una corrispondenza del giornale del NSDAP *Völkischer Beobachter* descrive i combattimenti:

> Da lunedì, sul fronte meridionale italiano, Britannici e Americani proseguono nei loro attacchi con largo impiego di fanteria, corazzati, artiglieria e forze aeree, ma l'accanita resistenza delle nostre truppe impedisce ancora al nemico di operare una breccia, specialmente nella valle del Liri. I principali attacchi si sono avuti a ovest di Minturno, nella zona di Spigno-Castelnuovo, come in quella tra il Liri e Cassino. Al centro del settore d'attacco del nemico, che va dalla costa sino alla zona di Cassino, le forze nemiche stanno esercitando una forte pressione dopo che le nostre truppe si sono sganciate. Le loro unità in avanguardia, avanzando lentamente e con considerevoli perdite, hanno raggiunto le zone a ovest dell'abitato di Castelnuovo dove i nostri Grenadier hanno sferrato un contrattacco che ha imposto loro un deciso alt. Dopo l'inserimento di notevoli rinforzi, lunedì pomeriggio, tra Liri e Cassino, il nemico ha lanciato il suo attacco principale preceduto da un fuoco d'artiglieria molto intenso per preparare la penetrazione della fanteria e delle unità corazzate avanzanti nella zona di Sant'Angelo. Ma all'assalto, effettuato in diverse ondate dirette su differenti punti d'attacco, fu negato il successo. A sud di Pignataro l'attacco crollò repentinamente sotto il fuoco dei nostri cannoni e dei nostri mortai; il nemico, che si era momentaneamente addentrato nell'abitato e si stava spingendo verso nord, fu cacciato da Pignataro da un vigoroso contrattacco. A nord-ovest di S. Angelo, dove il nemico è riuscito a penetrare in alcuni punti, le sue forze sono state tagliate fuori dai nostri Granatieri, genieri e paracadutisti, nonché dal fuoco di sbarramento delle armi pesanti. Questi nuovi attacchi, che costano ai Britannici elevate perdite in uomini e carri armati, non hanno conseguito successo. Senza diminuire di violenza, gli aspri combattimenti sono continuati tutta la notte[93]

Il 13 maggio Kesselring cercò di guadagnare tempo ritardando la caduta di Cassino per consentire alle unità minacciate di ritirarsi occupando la seconda linea di difesa, la linea *Dora*, chiamata dagli alleati *linea Hitler*; ma le forze coloniali francesi occuparono Sant'Andrea sul Garigliano e la fanteria marocchina giunse al Liri. Il 14 maggio la fanteria marocchina si spinse fino a S. Giorgio, mentre quella algerina occupò Castelforte. Venne così realizzato l'assalto dalle montagne ed i *Goum* valicarono i monti Aurunci senza incontrare grosse resistenze.
Juin poté ora realizzare quello che aveva pensato fin dal gennaio del 1944: attaccare Cassino dalla via Casilina attraverso i monti Aurunci., aprendo una breccia nella linea Gustav attraverso monte Petrella (1533 m); a sud il 2° Corpo d'armata americano, dopo

---

[93] Cit. in ibid, p. 139.

pesanti scontri, riuscì a conquistare solo l'abitato di S. Maria Infante. Da parte loro britannici dopo aver gettato un ponte galleggiante sul Rapido, riuscirono a prendere Sant'Angelo, mentre la 4a Divisione indiana conquistò la città di Pignataro, ed i francesi giunsero fino a monte Petrella e monte Revole.

Una corrispondenza di fonte germanica pubblicata sul quotidiano *La Provincia di Como* del 20 maggio 1944:

> Nel settore meridionale sono tuttora in corso combattimenti di particolare violenza ad ovest e a nord-ovest di Esperia e presso Pontecorvo. Reparti mercenari di polacchi, indiani e francesi vengono di continuo lanciati all'assalto delle nuove linee di resistenza germaniche e subiscono perdite elevatissime. Nelle ultime ore dopo massicce azioni di artiglieria, durate lungo tempo, le truppe nemiche, con l'appoggio di molti carri armati, hanno ripreso con maggiore accanimento l'attacco: i granatieri e i paracadutisti tedeschi, saldamente attestati sul nuovo dispositivo di difesa, le hanno respinte passando spesso al contrattacco. Numerose località sono state più e più volte perdute, rimanendo, al termine della giornata, saldamente in mano dei tedeschi. Nei pressi di Sant'Oliva una infiltrazione di carattere locale effettuata da truppe di colore anglo-americane è stata subito limitata e poi eliminata dopo aspra lotta. Le perdite dell'avversario aumentano di ora in ora. I reparti britannici e canadesi che tentano di sfondare il dispositivo tedesco della valle del Liri sono stati bloccati dall'eroica resistenza germanica. In questo settore la battaglia continua con immutata violenza. Nella zona di Formia gli americani, dopo la occupazione della città, attendono alla necessaria riorganizzazione dei loro reparti stremati dagli sforzi sostenuti e dal tenace, preciso fuoco delle armi germaniche. Oggi, ottava giornata dell'offensiva anglo-americana si può affermare che le perdite degli attaccanti ascendono ad alcune decine di migliaia di uomini tra morti, feriti e prigionieri. Naturalmente i reparti maggiormente provati sono quelli mercenari, degaullisti, polacchi e di colore. La propaganda nemica si affanna ancora oggi a parlare di sfondamento della linea "Gustav" e di quella "Hitler". Si tratta, però di un espediente ad uso interno, inglese ed americano, per giustificare, di fronte alla rispettiva opinione pubblica, la lentezza delle operazioni e le enormi perdite subite. È infatti noto che il sistema difensivo germanico in Italia non comporta linee più o meno profonde scaglionate – 148 – sul terreno poiché la natura di questo non consente la costruzione di simili linee. Da parte germanica si rileva che il nemico non potrà a lungo sostenere una lotta di questo genere, che mentre non gli apporta un successo decisivo, costa alte perdite alle truppe alleate. Nel momento in cui queste, trovandosi esaurite, spossate e sanguinanti, non avranno più l'attuale potenza d'urto, l'Alto Comando germanico adotterà in pieno le contromisure già predisposte che risolveranno in modo strategico la situazione. [..]. L'occupazione di Cassino, evacuata dalle truppe germaniche in armonia ai loro piani tattici di difesa, ha fatto perdere ai commentatori nemici, e allo stesso Alexander, quella prudenza che si erano imposti il primo giorno dell'offensiva. Una corrispondenza della "Reuter", infatti, informa che il generale Alexander nel suo primo comunicato speciale diramato da quando è incominciata la nuova offensiva di guerra dell'intera campagna, ha dato una lista spettacolosa degli interi successi riportati. Egli ha usata la parola « trionfo » raramente riscontrata nei bollettini ufficiali. Il popolo anglo-americano, spinto in un primo momento all'euforia dalla parola « trionfo » usata da Alexander, ha dovuto mostrare la sua delusione quando riportati sulla carta geografica questi successi vantati ha dovuto constatare che il terreno conquistato, a prezzo di durissimi sacrifici, consisteva in pochi chilometri quadrati di terreno. [...]. Dopo l'immane sforzo compiuto per muoversi su pochi chilometri di terreno, il nemico sente l'imperiosa necessità di prendere respiro e di preparare l'opinione pubblica interna alla probabile sosta[94]

---

[94]Cit. in Pistilli, cit., p.147.

Il 16 maggio i polacchi della *Kresowa* conquistarono il pendio meridionale del *Widmo*; il giorno seguente i polacchi attaccarono colle Sant'Angelo e monte Calvario, ma furono ancora una volta respinti, con gravi perdite, dai paracadutisti tedeschi.

> In contrasto con i comunicati alleati- scrive Böhmler- c'è da osservare che né il Colle S. Angelo né il Monte Calvario né la cresta del "Fantasma" furono conquistati dai polacchi. I soldati di Anders misero piede su queste alture intrise di sangue soltanto dopo la ritirata della Divisione Heidrich, dovuta al nuovo assetto dell'intero fronte della 10ª Armata. I portaordini tedeschi che la sera del 17 portarono in linea l'ordine di ritirata non trovarono che miseri resti delle loro Compagnie. Le perdite dei tedeschi e soprattutto quelle del I Battaglione del 3° Reggimento paracadutisti erano state eccezionalmente ingenti. Della 1ª Compagnia, che si era trovata per ben sei giorni nel punto cruciale della battaglia per il Monte Calvario, erano sopravvissuti soltanto un ufficiale, un sottufficiale e un soldato. E così nella notte del 18 maggio i paracadutisti sgombrarono, con il cuore pesante, la posizione di Cassino, nella quale era stato versato tanto sangue, ma dove avevano anche combattuto in modo così accanito. Per tre mesi avevano respinto tutti gli attacchi sferrati da forze superiori, attirando su questo campo di battaglia l'attenzione di tutto il mondo. Cassino era diventata un simbolo. E ora invece, senza essere stati sconfitti, dovevano sgattaiolare via di notte, protetti dalla nebbia. Era molto doloroso.

I *Goum* avevano però raggiunto la strada Itri-Pico, a 40 Km dietro il fronte tedesco di Cassino, e di lì a poco avrebbero causato la caduta di Montecassino[95].
Sulla costa gli statunitensi avevano occupato Formia.
La notte del 17 maggio iniziò lo sganciamento e la ritirata delle forze tedesche dal settore di Cassino.

> Di fronte alla superiorità delle forze nemiche, le nostre truppe stanno fornendo da sei giorni un'eroica resistenza. Lo sganciamento attuato nel corso dei combattimenti è posto in atto secondo i piani. Le perdite subite dal nemico, estremamente gravi, sono esorbitanti rispetto ai vantaggi ottenuti,

All'alba del 18 maggio la collina del Monastero era in mano alleata; quando i polacchi entrarono cautamente nell'Abbazia trovarono soltanto pochi feriti.

> Alle ore 9,45, a un segnale del tenente Gurbiel, tutto il gruppo scalò le mura del monastero. Silenziosamente si arrampicarono sui cumuli di macerie e vi trovarono sedici soldati feriti, due soldati di sanità e un sottotenente. Gurbiel: *"Era evidente che i soldati nemici erano di prim'ordine e molto disciplinati. Mi rivolsi a loro parlando in tedesco. Il sottotenente chiese quindici minuti per prepararsi. Acconsentii. Riunii i prigionieri che potevano camminare e li inviai allo squadrone: rimanevano tre o quattro feriti che dovevano essere trasportati"*.

La battaglia di Montecassino era finita[96].
Con l'arrivo della primavera, anche sul fronte abruzzese, praticamente fermo da mesi, si cominciò a respirare il clima dell'offensiva finale. Nel settore montano i tedeschi, ormai sul punto di ritirarsi, erano ancora attestati sulla Maiella, dove, sul monte Amaro, aveva-

---

[95] Sulle operazioni militari del CEF rimando al mio P. Romeo di Colloredo, *I Goumiers in Italia. Lazio 1944: realtà e leggenda dei più famigerati combattenti della Campagna d'Italia,* Bergamo 2018.
[96] J. Piekalkiewicz, *The Battle for Cassino,* Indianapolis, 1980, cit. in Pistilli, cit., p.144.

no allestito una grossa batteria contraerea, un osservatorio e una funicolare collegata al versante di Campo di Giove, al passo di Cocci e lungo i boschi della Chiovera fino alla stazione di Palena.

In quelle settimane, rincuorati dalla presunta sconfitta tedesca da parte degli alleati ed in cui non avevano avuto alcuna parte, si rimisero in attività i partigiani della Banda *Maiella*, in alcuni casi insieme a distaccamenti indiani, i quali intensificarono le perlustrazioni sulla dorsale Sangro-Aventino e sullo stesso massiccio della Maiella, trovandole ormai abbandonate dai reparti avversari.

Fra l'8 e il 9 maggio i partigiani, che avevano riacquistata la loro baldanza credendo i tedeschi ormai sull'orlo della disfatta, entrarono prudentemente a Lettopalena e Palena, che erano state già abbandonate dagli occupanti. Lungo i costoni della Maiella i reparti di retroguardia tedeschi ingaggiarono i britannici per coprire lo sganciamento del grosso delle truppe, ma tra la fine di maggio e gli inizi di giugno essi si ritirarono nel massimo ordine ovunque.

Per quanto riguarda l'area più prossima all'Adriatico, lo sfondamento alleato della Linea Gustav a Cassino produsse cambiamenti nella disposizione degli eserciti, ma nessuna importante operazione degna di nota: Alexander rinunciò a far attaccare il V Corpo britannico, tenendo sotto pressione i tedeschi con le artiglierie, gli attacchi aerei e le incursioni delle pattuglie.

Fu con l'arrivo a Roma dell'armata di Clark che la ritirata tedesca si fece imminente: nel settore collinare e costiero adriatico la 278. *Infanteriedivision* iniziò a ripiegare il 6 giugno.

Il giorno 8 gli indiani entrarono a Tollo, mentre anche le truppe italiane del CIL avanzarono guardinghe occupando, dopo che i tedeschi se ne erano andati, nel pomeriggio Canosa Sannita e Orsogna, in quei mesi il principale baluardo tedesco della Gustav nel settore adriatico. La mattina del 9 giugno, mentre pattuglie di Gurkha si trovavano già a Miglianico, altri reparti del CIL entrarono a Guardiagrele anch'essa già evacuata. In due giorni di lento e scarsamente ostacolato inseguimento delle forze tedesche, il V° Corpo britannico aveva ormai superato la linea del fiume Foro[97].

I tedeschi si sganciarono senza troppi problemi, abbandonando ai troppo prudenti britannici il settore abruzzese della linea Gustav, ripiegando verso la linea Gotica dove si sarebbero attestati saldamente.

A Cassino Kesselring era riuscito nell'impossibile: fermare per nove mesi gli alleati che già si erano visti entrare vittoriosi in Roma[98].

Gli Alleati (XV Gruppo di Armate) disponevano di
– 23 divisioni
– 6 brigate
– 4 gruppi speciali Artiglieria e mezzi corazzati:
– 2.000 cannoni
– 2.300 carri armati
– 5.000 mezzi blindati
– 10.000 autocarri ;

Aviazione:

---

[97] Ronchetti, Ferrara, cit., pp. 41-42.
[98]

– 950 bombardieri
– 400 caccia e caccia-bombardieri;

Kesselring disponeva a sua volta di
– 14 divisioni
– 410 pezzi di artiglieria da campagna
– 200 cannoni da 88 mm.
– 290 carri armati
– 82 semoventi.

Eppure il Feldmaresciallo ed i suoi soldati non avevano mollato e non mollavano, malgrado la sconfitta e l'ingresso del nemico a Roma.

> In ogni caso gli Alleati avevano ottenuta una grande vittoria, e la 14. *Armee* una tremenda batosta, riconobbe Kesselring nelle sue memorie.
> Che di fronte a un tale disastro io abbia comunque presa la mia decisione di risparmiare Roma in quanto città Apert, se non altro mostra come io, o per conoscenza diretta o per intuizione, non consideravo la situazione come senza speranza.

Quanto al *distruggere le armate tedesche in Italia* Alexander avrebbe dovuto aspettare ancorna un altro interminabile anno.

Stemma della famiglia Kesselring, raffigurante un manico di pentola (in ted. Kesselrinken*)*

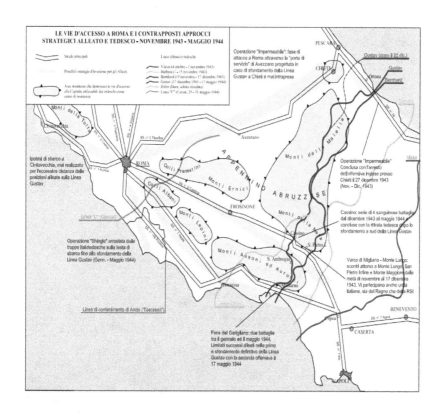

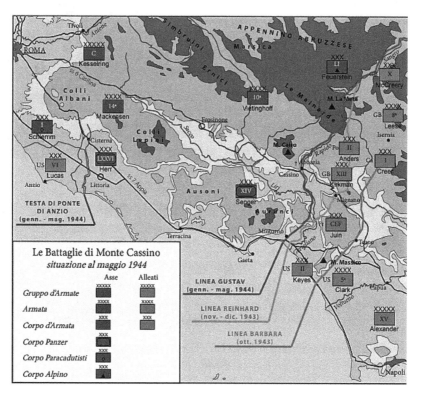

Albert Kesselring quale Oberleutnant *della* kaiserlichen Armee *allo scoppio della prima guerra mondiale.*

*L'*Oberleutnant*Albert Kesselring*
insieme al General der Infanterie *Felix Graf von Bothmer (al centro, con la barba).*

A.O.K. 6 Armee
empf. 31.1. 19 15 J.Nr. 4094

U.R. dem Fuße.Brig.Kdo. N? 1.

Jm Namen Seiner Majestät des Kaisers und Königs verleihe Jch
dem Oberltn. K e s s e l r i n g vom Fuße.Brig.Kdo. N? 1
das Eiserne Kreuz 2.Klasse.

A.H.Qu. L i l l e , 31. 1. 1915.

[signature]
Kronprinz v. Bayern.

K.B.General-Oberst und Oberbefehlshaber der 6.Armee.

Diploma di concessione della Eiserne Kreuz II kl. *all'Oberleutnant* Albert Kesselring, 4 febbraio 1915 *(Monaco, Archivio di Stato bavarese)*

Anni Venti. Berlino Tempelhof. Il colonnello di S.M. Kesselring con un ufficiale pilota italiano, anch'egli, come Kesselring, proveniente dall'Artiglieria. Si noti l'elica sulla granata ed il distintivo da pilota sul taschino

Il General der Flieger *Albert Kesselring nella* Luftwaffe, *1937-1939.*

Berlino, 1° marzo 1939. In occasione del "Tag der Luftwaffe" ("Giorno della Luftwaffe"), il Generalfeldmarschall Hermann Göring saluta le Bandiere dei reparti della Luftwaffe presenti mentre esce dal Reichsluftfahrtministerium.

Un atteggiamento informale di Kesselring al termine di una cerimonia.

Berlino, 6 giugno 1939. Cerimonia in onore del ritorno della Legion Condor *al termine della Guerra civile spagnola. In testa, da sinistra: Walter Warlimont, Hellmuth Volkmann, Hugo Sperrle, Erhard Milch, Adolf Hitler, Erich Raeder, Hermann Göring, Wilhelm Keitel, Wolfram von Richthofen e, sorridente al limite destro dell'immagine, Albert Kesselring.*

*Varsavia, 1939. L'*Adjutant *Wilhelm Brueckner, l'asso Adolf Galland, i Generali Albert Kesselring e Johannes Blaskowitz alla parata per la vittoria sulla Polonia.*

Con von Küchler Hitler e Rommel (al centro) in un campo di aviazione. in Polonia nel 1939.

Un ritratto ufficiale del neopromosso Generalfeldmarschall *Kesselring*

Kesselring a colloquio con personale della Luftwaffe *sul fronte occidentale durante la Battaglia d'Inghilterra, 1940.*

Un'ispezione di sorpresa di Kesselring e Göring al personale della Luftwaffe durante la Battaglia d'Inghilterra, 1940

IM NAMEN
DES DEUTSCHEN VOLKES
VERLEIHE ICH
DEM GENERAL DER FLIEGER

ALBERT KESSELRING

DAS RITTERKREUZ
DES EISERNEN KREUZES

FÜHRERHAUPTQUARTIER
DEN 30. SEPTEMBER 1939
DER FÜHRER
UND OBERSTE BEFEHLSHABER
DER WEHRMACHT

Diploma di conferimento della Ritterkreuz *a Kesselring, firmato da Adolf Hitler. Kesselring fu personalmente decorato dal* Führer *per la sua partecipazione alla campagna di Polonia, dove la* Luftflotte 1 *comandata da Kesselring aveva dato supporto dall'* Heeresgruppe Nord *del Generaloberst Fedor von Bock. Il supporto aereo ravvicinato alle truppe di terra tedesche negli* Schwerpunkt *del fronte fu essenziale nella distruzione delle Armate polacche. Kesselring stesso fu abbattuto dall'aeronautica polacca. La data della decorazione di Kesselring è inoltre molto significativa: la stessa data della parata della vittoria a Varsavia, e prima data di conferimento della* Ritterkreuz *quale alta decorazione del* III Reich.

Luglio 1940: la consegna del Bastone di Maresciallo ai Feldmarescialli della Luftwaffe: *da sin.* Erhard Milch, Hugo Sperrle, *il* Führer, *il* Reichsmarschall *Göring, Albert Kesselring.*

Il Generalfeldmarschall *Kesselring con il* General der Flieger *Wilhelm Speidel e il* Reichsmarschall *Hermann Göring.*

Febbraio 1940. I Generali Albert Kesselring (con gli occhiali da sole) e Wolfram Freiherr von Richthofen osservano le esercitazioni di un Gruppe di Stuka.

19 luglio 1940. Albert Kesselring quale General der Flieger *e decorato della* Ritterkreuz des Eisernen Kreuzes, *fotografato il giorno della sua promozione a* Generalfeldmarschall.

Russia, luglio 1941. Kesslering presso un aeroporto.

Kesselring sul fronte sovietico durante l'operazione Barbarossa, *1941.*

Russia, luglio 1941. Il Generalfeldmarschall *Kesselring e il* General der Flieger *Freiherr von Richthofen a tavola durante un incontro per pianificare le operazioni aeree sul fronte Orientale.*

Albert Kesselring nel 1941.

Russia, luglio 1941. Il Generalfeldmarschall *Albert Kesselring su un bimotore da ricognizione e collegamento* Focke-Wulf Fw 189 "Uhu" *(Gufo). Aereo robusto, sorprendentemente agile e dalla ampia vetratura garantente una eccellente visuale del campo di battaglia, il Fw 189 era uno degli aerei preferiti da Kesselring per le sue ricognizioni aeree e visite a comandi e reparti.*

In un aeroporto in Russia, 1941.

Russia, 1941. Kesselring sale sul Fieseler Storch Fi 156 C3 *da lui pilotato.*

Il Maresciallo Kesselring sul suo Siebel Fh 104

Kesselring-al timone del suo-Fw189-sulla steppa russa, 1941.

Creta, 1941. Kesselring, dopo esser stato nominato Oberbefehlshaber Süd, *fotografato in tenuta di volo accanto al suo bimotore* Dornier Do 17 *discute con il generale von Waldau della* Luftwaffe.

Col generale von Waldau, a Creta nel 1941

La copertina della rivista della Luftwaffe, Der Adler *del giugno 1942 con i Marescialli Kesselring e Cavallero. Notare la svastica censurata nel dopoguerra!*

Marzo 1942. Kesselring a colloquio con piloti della Luftwaffe in Libia. Il terzo da sin. è l'asso della caccia capitano Hans- Jochim Marseille, decorato della Ritterkreuz *e della Medaglia d'Oro al Valor Militare italiana.*

Nord Africa, giugno 1942. Rommel e Kesselring discutono; la freddezza reciproca è evidente dalle rispettive espressioni e posture.

Nord Africa, 28 luglio 1942 il Maresciallo d'Italia Ugo Cavallero conversa con il Generalfeldmarschall *Albert Kesselring presso el Alamein. Cavallero fu decorato della* Ritterkreuz des Eisernen Kreuze *il 19 febbraio 1942 quale generale di Corpo d'Armata, uno dei nove militari italiani a ricevere l'alta decorazione tedesca.*

Nord Africa, gennaio 1943. Rommel, Bayerlein e Kesselring in Tunisia.

Un'insolitamente accigliato Albert Kesselring insignito delle Eichenlaub *alla* Ritterkreuz *in un disegno di Wolfgang Willrich (cartolina postale VDA).*

Kesselring con l'addetto militare a Roma Erno von Riterlein ed il Principe Umberto di Savoia.

Roma, aeroporto di Ciampino, 1942, Kesselring con ufficiali tedeschi e italiani.

Il Dornier Do 215B *di Kesselring fotografato a Ciampino, 1943*

Italia, 1943. Albert Kesselring conversa con l'ambasciatore tedesco Hans Georg von Mackensen.

Roma, 1943. Albert Kesselring e l'ambasciatore tedesco Hans Georg von Mackensen. Notare il Carabiniere Reale in alta uniforme sullo sfondo.

Un Pzkw VI Tiger in Piazza Venezia, davanti all'Altare della Patria a Roma.

Soldati italiani si arrendono ai paracadutisti tedeschi a Barletta in Puglia, 12 settembre 1943

Campo Imperatore, 12 settembre 1943, Fall Eiche. *Mussolini e Skorzeny circondati da soldati tedeschi e italiani armati.: si noti il carabiniere con il MAB38 in spalla. A differenza di quanto millantato dalla versione ufficiale, nessuno ritenne di dover disarmare gli italiani, che al contrario fraternizzarono con i tedeschi. Nella foto sotto la partenza del* Fieseler Storch *con a bordo il Duce e Skorzeny; anche qui sono presenti militari italiani armati.*

9 settembre 1943, ore 5.47. L'affondamento della corazzata Roma, *ammiraglia della flotta italiana, colpita da una bomba filoguidata* Ruhrstahl *SD 1400 lanciata da un DO 217 del Kampfgeschwader 100*

Toscana, ottobre 1943. Il Maresciallo Kesselring, in visita alla Stürmbrigade "Reichsführer SS" *rientrata dalla Corsica. Si noti al centro il comandante della* RFSS, SS-Obersturmbannführer *Karl Gesele che indossa la sahariana di tipo italiano con gradi e mostreggiature tedesche. Gesele è decorato di* Deutsche Kreuz im Gold, *di distintivo d'assalto generico (*Allgemeines Sturmabzeichen*) e di croce di ferro di Ia Classe.*

Con il Maresciallo d'Italia Rodolfo Graziani, Ministro della Guerra della neocostituita Repubblica Sociale Italiana (da Kesselring 1954)

Bari, 2 dicembre 1943 ore 19.20. La Luftwaffe *attacca il porto. L'esplosione della* USS John Harvey, *carica di iprite. Il bombardamento tedesco di Bari fu il peggior disastro navale alleato dopo Pearl Harbour. nel 1941*

Bari, 3 novembre 1943, ore 19. 25. Navi in fiamme nel porto dopo il bombardamento della sera precedente.

In questa immagine e nella pagina successiva, un momento dell'attività di Albert Kesselring presso il suo comando a Monte Soratte, 1943.

Iytalia, 1944. Kesselring in cordiale colloquio con il generale von Viethingoff, comandante la 10. Armee.

Il Generalfeldmarschall *Kesselring con il Generale slovacco Augustin Malar.*

Italia, 1943. Partenza di Kesselring da Monte Soratte con la sua auto di servizio.

Italia, estate 1943. Incontro tra i Marescialli Albert Kesselring e Rodolfo Graziani.

Italia, 1943. Il Generalfeldmarschall *è salutato da un plotone di* Fallschirmjäger.

Italia, agosto-settembre 1943. Il Generalfeldmarschall *Albert Kesselring e il* Generaloberst *Heinrich von Vietinghoff in automobile. Notare il guidone.*

Il Generalfeldmarschall *Kesselring presso un Comando di* Fallschirmjäger. *Al centro delle due foto, decorato della* Ritterkreuz, *il* Generalleutnant *Richard Heidrich.*

Roma, febbraio 1944. Le opere d'arte dell'abbazia di Monte Cassino poste in salvo dagli uomini della Hermann Göring *giungono a Palazzo Venezia. Kesselring mise a disposizione per il salvataggio dei tesori d'arte e della biblioteca del monastero i camion che aveva negati per la deportazione degli ebrei romani.*

15 febbraio 1944. Una Boeing B17 Flyng Fortress *del 450 B.G. bombarda il monastero di Monte Cassino.*

18 febbraio 1944. L'Abate Diamare del monastero benedettino di Montecassino è intervistato nel Comando del Generale Fridolin von Senger und Etterlin a Castel Massimo di Veroli. Di spalle, il Generale.

1944. I "Diavoli Verdi" di Montecassino. Una postazione dei Fallschirmjäger.

Italia, 1944. In questa foto e nella successiva, Albert Kesselring e il Generalleutnant *Richard Heidrich. Notare, tra le molte onorificenze dei due, il bastone da Feldmaresciallo di Kesselring e la fascetta "KRETA" di Heidrich.*

Belmonte Castello, presso Monte Cassino, marzo 1944. Il Generalfeldmarschall Albert Kesselring, seduto come passeggero con un suo ufficiale di SM su di un Sd.Kfz. 2 Kettenkraftrad *lascia il comando del Generalleutnant Richard Heidrich.*

Kesselring sul fronte di Cassino

Italia, 1944. Kesselring con alcuni ufficiali.

Italia, agosto-settembre 1944. Il Generalfeldmarschall Kesselring con l'Oberst Hippel, comandante di un Grenadier-Regiment *e insignito della* Ritterkreuz.

Kesselring sul fronte di Cassino.
Il Feldmaresciallo sosteneva che le battaglie si conducono dal fronte, non da dietro una scrivania

Ancora Kesselring in ispezione sul fronte di Cassino.

Italia, 1944. Kesselring su di uno Sturmgeschütz IV *durante delle dimostrazioni di nuovi armamenti giunti al fronte. Notare la* Sonderbekleidung *nera e lo scudetto da braccio dell'ufficiale alle spalle, molto probabilmente di una unità* Panzerjäger.

Fiuggi, 27 maggio 1944. Un Leutenant *dei paracadutisti osserva il corpo impiccato della contadina Angela Maria Rossi, giustiziata per aver avvelenato due soldati tedeschi a Tecchiena FR*

Boris Chaliapin, Ritratto del Maresciallo Kesselring.
Le colonne corinzie fanno riferimento alla difesa di Roma.
(National Portrait Gallery, Smithsonian Institution, *Washington DC*)

Ritterkreuz mit Eichenlaub, Schwerter und Brillanten.

APPENDICI

LE DECORAZIONI DEL FELDMARESCIALLO ALBERT KESSELRING[99].

Ritterkreuz des Eisernes Kreuz (3° militare a essere insignito della *Ritterkreuz*) il 30 settembre 1939 quale *General der Flieger* e *Chef* della *Luftflotte* 1. Ottenuta per aver annientato l'aviazione polacca e per l'efficace appoggio fornito all'*Heeresgruppe Nord* durante le operazioni di terra.

Eichenlaub (78) il 25 febbraio 1942 quale *Generalfeldmarschall* e *Oberbefehlshaber Süd*. Assegnatagli per gli straordinari successi ottenuti nell'area del Mediterraneo grazie al suo costante apporto personale.

Schwerter (15) il 18 luglio 1942 quale *Generalfeldmarschall* e *Oberbefehlshaber Süd*. Grazie alla sua chiara visione della situazione, Kesselring, collaborando strettamente con la Regia Aeronautica, raggiunse già nell'inverno del 1941-1942 l'apice delle azioni offensive possibili contro Malta e ostacolò i rifornimenti inglesi in questo punto d'appoggio aereo e navale nemico. Fu così possibile attuare una riduzione dell'efficienza delle forze nemiche dislocate nell'isola, e quindi una maggiore sicurezza dei propri trasporti verso il Nordafrica. A questo proposito, è da menzionare la distruzione dei grossi convogli britannici, avvenuta dal 4 al 17 giugno 1942 e l'appoggio fornito alla *Panzerarmee* di Rommel dai reparti della Luftwaffe e unità della FlAK.

Brillanten (14) il 19 luglio 1944 quale *Generalfeldmarschall* e *Oberbefehlshaber* dell'*Heeresgruppe* C. Ottenute per l'abile conduzione bellica in Italia. Nonostante la superiorità numerica degli Alleati, e la supremazia aerea dell'avversario, Kesselring riuscì sempre ad arrestare e poi ad ostacolare l'avanzata del nemico, col minor numero possibile di perdite.

Citato nei *Wehrmachtbericht* dell'8 ottobre 1940, 26 ottobre 1940, 9 novembre 1940, 25 novembre 1940, 19 giugno 1941, 6 agosto 1941, 7 agosto 1941, 19 settembre 1941, 18 ottobre 1941, 19 ottobre 1941, 17 giugno 1942 e del 10 settembre 1943.

Spange 1939 zum Eisernes Kreuz I. Klasse 1914 il 25 settembre 1939

Spange 1939 zum Eisernes Kreuz II. Klasse 1914 il 12 settembre 1939

Kgl. Bayer. Prinz-Regent-Luitpold Jubiläums-Medaille.

Kgl. Bayer. Militär-Verdienstkreuz III. Klasse.

Kgl. Bayer. Militär-Verdienstorden IV. Klasse mit Schwertern.

---

[99] Tratto da Lombardi, *I decorati*, cit., a.v.

Ritterkreuz II Klasse des kgl. Sächs.

Albrechts-Orden mit Schwertern.

Kgl. Bayer. Militär-Verdienstorden IV. Klasse mit der Krone und Schwertern.

Ehrenkreuz für Frontkämpfer.

Wehrmacht-Dienstauszeichnung I. Klasse.

Gemeinsames Flugzeugführer-und-Beobachterabzeichen in Gold mit Brillanten.

Gran Croce dell'Ordine della Corona d'Italia.

Frontflugspange für Zerstörer in Gold mit Anhänger Einsatzzahl "400".

Brevetto da Pilota della Regia Aeronautica.
Fascetta da braccio "*Afrika*".

Il Bastone di Maresciallo (Parade-Marschallstab)*di Albert Kesselring, l'ultimo* Generalfeldmarschall *della storia militare tedesca.*

IL BUNKER DI KESSELRING
NEL MONTE SORATTE
(LUCA S. CRISTINI)

Dei Comandi utilizzati da Kesselring in Italia, ossia villa Mondragone a Frascati ed i bunker del Monte Soratte e di Recoaro Terme, il più celebre è quello costituito dalle fortificazioni in roccia del Soratte, nel comune di Sant'Oreste, create per Mussolini ed utilizzate da Kesselring dopo il bombardamento di Frascati del 9 settembre 1943, famoso anche per la leggenda dell'oro di Kesselring che vi sarebbe stato nascosto nel 1944 e che sarebbe costituito da ben 72 tonnellate d'oro provenienti dalla Banca d'Italia e dalla razzia dell'oro del ghetto di Roma (che nella realtà storica venne inviato a Berlino).
Il bunker venne utilizzato da Kesselring dal 13 settembre 1943 al 3 giugno 1944.
Riportiamo di seguito un estratto dal capitolo dedicato all'argomento del libro di Luca S. Cristini, L'oro di Hitler...e anche del Duce, *Bergamo 2019. per gentile concessione dell'Autore.*

Causa certo sensazione questo monte che si erge solitario nella valle del Tevere, essendone la cima più alta visibile anche da grandi distanze, come la stessa Roma. Allo stesso tempo, grazie alla pace ed al silenzio che vi si respira, è da secoli se non millenni, rifugio di vari popoli ed eremiti che fecero del Soratte un luogo di culto e pellegrinaggi. I più antichi ritrovamenti di reperti e ceramiche risalgono all'Età del bronzo, e sicuramente in epoca preromana fu luogo di ristoro per Sabini, Capenati, Falisci ed Etruschi.
Sulla cima del monte è possibile ammirare diverse chiese, tra le quali spicca l'eremo di San Silvestro costruito sui resti del tempio di Apollo nel VI secolo; la costruzione fu voluta dal Papa Silvestro I, rifugiatosi sul Soratte per sfuggire alle persecuzioni di Costantino I, e oggi alberga numerosi affreschi del 300 e 400.
Qualche secolo più tardi, allo scoccare della Seconda guerra mondiale, il monte richiamò l'attenzione di Benito Mussolini, il quale non stava affatto cercando il luogo ideale per lunghe sedute di meditazione, bensì un nascondiglio lontano da occhi indiscreti e vicino alla capitale. Va specificato che la scelta di quella montagna ha anche una motivazione geologica: il Soratte è infatti composto per la maggior parte di roccia calcarea e non di tufo, materiale assai più resistente. Ma a chi, o a che cosa doveva resistere il monte?
L'idea di Mussolini era quella di costruire un rifugio antiaereo che sarebbe servito alle alte cariche dell'Esercito Italiano nel caso Roma si fosse trovata sotto attacco.
Nel 1937 iniziano dunque i lavori di costruzione del bunker, sotto la direzione del Genio Militare di Roma. Per sviare l'attenzione dei curiosi, si sparse la voce che in quel luogo si stava costruendo una fabbrica di armi della Breda (le "officine" protette del Duce) ma nel calcare in realtà stava prendendo forma un labirinto sotterraneo di circa 4 km di lunghezza, una gigantesca opera d'ingegneria militare tanto da potersi considerare una città sotto-terra, scavata da circa mille operai, una settantina dei quali provenivano proprio da Sant'Oreste (questa prodiga richiesta di manodopera fu una vera manna per il piccolo paese). L'ironia di questa storia vuole che nei quattro anni di costruzione –durante i quali inizia la guerra- il Duce non vi mise mai piede, tranne una brevissima visita che gli abitanti del paesino ricordano bene quel giorno, tanto che gli venne dedicata la strada principale di Sant'Oreste, con tanto di targa che ora si può ammirare all'entrata del bunker.
L'immane costruzione venne invece inaugurata dai tedeschi qualche anno dopo,

Ingresso e galleria interna della sede del comando di Kesselring a Sant'Oreste sul Monte Soratte, utilizzato dal settembre 1943 al giugno 1944. Il bunker venne utilizzato durante la guerra fredda come rifugio antiatomico per il Presidente della repubblica italiana e per i vertici del governo.

esattamente nel settembre del 1943. Nel clima teso scaturito dopo l'armistizio proclamato da Badoglio, in piena invasione nazista, le gallerie vennero occupate dalla Wehrmacht sotto la guida del Feldmaresciallo Albert Kesselring il quale decise che il Soratte sarebbe diventata la sede del comando supremo delle forze di occupazione tedesche, *Oberkommando der Wehrmacht - Heeresgruppe C*, nel dettaglio *Oberbefehlshaber Süd*. Qui il comando trovò un nascondiglio sicuro per almeno 10 mesi, fino a quando il 12 settembre del 1944 due stormi di B-17 alleati (136 "Fortezze volanti" per l'esattezza) partirono da Foggia con il preciso obbiettivo di distruggere l'intero bunker. La tecnica designata era quella del "firestorming", la bomba di fuoco, e nonostante gli innumerevoli danni e incendi provocati nella zona, i cui resti sono ben visibili nel borgo, l'attacco non ottenne i risultati sperati. Già, perché le gallerie rinforzate scavate nella pietra calcarea di origine carsica resistettero egregiamente, mettendo tuttavia in fuga i tedeschi. Prima di abbandonare il bunker, però, Kesselring diede ordine di minare, incendiare e far saltare in aria l'intera struttura: ancora una volta, il Soratte resistette senza troppi danni collaterali.

Sebbene questo sia stato l'unico periodo di effettiva residenza all'interno del monte, nei documenti ritrovati all'interno dopo la fine della guerra non c'è traccia di quella misteriosa spedizione di cui l'intero paese di Sant'Oreste ancora oggi parla[100].

---

[100] Secondo la leggenda locale, i tedeschi avrebbero nascosto nel bunker 72 tonnellate d'oro trafugate direttamente dalla Banca d'Italia e alla comunità ebraica di Roma, che sarebbero state trasportate fino al Monte da dodici camion tedeschi nella notte tra il 2 e il 3 febbraio 1944. Ovviamente di ciò non esiste alcun riscontro storico.

Villa Mondragone a Frasca, sede del comando di Kesselring dal novembre 1941 al settembre 1943 (sopra).

*Le gallerie del bunker sede dell'*Oberbefehlshaber Süd *a recoaro Terme nel 1944, come si presentano oggi (sotto). Ingresso e galleria interna della sede del comando di Kesselring a Sant'Oreste sul Monte Soratte, utilizzato dal settembre 1943 al giugno 1944.*

ORDINE DI BATTAGLIA DELL' *OPERAZIONE* C 3 (*FALL HERKULES*), 1942.

Corpo d'Armata d'aviosbarco:

divisione paracadutisti *Folgore* (composta da:
185° reggimento artiglieria paracadutista,
186° reggimento fanteria paracadutista,
187° reggimento fanteria paracadutista,
VIII battaglione Guastatori Paracadutisti,
185ª compagnia Genio Collegamenti,
185ª compagnia Minatori/ Artieri e servizi divisionali);

7.e *Fliegerdivision* (composta da:
Fallschirmjäger-Regiment 1,
Fallschirmjäger-Regiment 2,
Fallschirmjäger-Regiment 3,
Fallschirm-Artillerie-Bataillon 7,
Fallschirm-Panzerabwehr-Bataillon 7
Fallschirm-Fla-Bataillon 7,
Fallschirm-MG-Bataillon,
Fallschirm-Pionier-Bataillon);

80a divisione di fanteria aviotrasportabile *La Spezia*
(125° e 126° reggimento fanteria,
80° reggimento artiglieria);

XXX Corpo d'Armata,

divisioni di fanteria 20a *Friuli*
(87° e 88° fanteria,
35° reggimento artiglieria);

4a *Livorno*
(33° e 34° reggimento fanteria,
28° reggimento artiglieria,
XCV battaglione d'assalto CC. NN. *Firenze*);

1a divisione da montagna *Superga*
(91° e 92° reggimento fanteria,
5° reggimento artiglieria);

10° Raggruppamento corazzato;

XVI Corpo d'Armata,

divisioni di fanteria 26a *Assietta*
(29° e 30° reggimento fanteria,
25° reggimento artiglieria,
17a Legione CC.NN. d'Assalto *Cremona*);

54a *Napoli*
(75° e 76° reggimento fanteria,
54° reggimento artiglieria,
173a legione CC.NN. d'assalto *Salso*);

2. *Kompanie/Panzerabteilung z.b.V.66* tedesca;

Truppe Speciali da sbarco:

reggimento fanteria di marina *San Marco:*
(battaglioni *Grado* e *Bafile*);

Gruppo battaglioni CC.NN."M" da sbarco, al comando del Console Generale Sante Quasimodo:
(XLII battaglione Camicie Nere da sbarco *Vicenza*,
XLIII battaglione Camicie Nere da sbarco *Belluno*,
L battaglione Camicie Nere da sbarco *Treviso*,
LX battaglione Camicie Nere da sbarco *Pola*,
2 compagnia cannoni controcarro da 47/32,
1 compagnia mortai da 81/35,
1 compagnia Guastatori Camicie Nere);

Battaglione *S. Barbara* del Corpo dei Vigili del Fuoco.

Primavera 1944. Pz V Panther *della* Panzer Abteilung 190 *presso Cassino*

ORDINE DI BATTAGLIA DELL'*HEERESGRUPPE C*, CASSINO, GENNAIO1944

10. Armee
Generaloberst Heinrich von Vietinghoff

XIV. *Panzerkorps*

General der Panzertruppe Fridolin von Senger und Etterlin

5. Gebirgs-Division (dal 17 gennaio)
General der Gebirgstruppe Julius Ringel

Gebirgsjäger -Regiment 85
3 battaglioni
Gebirgsjäger-Regiment 100
3 battaglioni

truppe divisionali

Aufklärungs-Bataillon 95

Gebirgs-Artillerie-Regiment 95
Panzerjäger-Bataillon 95
Gebirgs-Pionier-Bataillon 95
leichte Flak Batterie (*Luftwaffe*) 73

15. Panzergrenadier-Division
Generalleutnant Eberhard Rodt

Panzergrenadier-Regiment 104
3 battaglioni
Panzergrenadier-Regiment 115
3 battaglioni
Panzergrenadier-Regiment 129
3 battaglioni

truppe divisionali

Panzer Aufklärungs Abteilung 115
Panzer Abteilung 115
Artillerie Bataillon 33
Panzerjäger-Bataillon 33
Pionier-Bataillon 115

44. Infanterie-Division "Hoch und Deutschmeister"
Generalleutnant Friedrich Franek

Infanterie-Regiment 131
3 battaglioni
Infanterie-Regiment 132
3 battaglioni
Infanterie-Regiment 134
3 battaglioni

truppe divisionali

Aufklärungs-Abteilung 44
Artillerie-Regiment 96
Panzerabwehr-Abteilung 46
Pionier-Bataillon 96

94. Infanterie-Division
Generalleutnant Bernhard Steinmetz

Infanterie-Regiment 267
3 battaglioni
Infanterie-Regiment 274
3 battaglioni

Infanterie-Regiment 276
3 battaglioni

truppe divisionali

Aufklärungs-Abteilung 194
Artillerie-Regiment 194
Panzerabwehr-Abteilung 194
Pionier-Bataillon 194

71. Infanterie-Division (dal 17 gennaio)
Generalleutnant Wilhelm Raapke

Infanterie-Regiment 191
3 battaglioni
I*nfanterie-Regiment* 194
3 battaglioni
Infanterie-Regiment 211
3 battaglioni

Truppe divisionali

Aufklärungs-Abteilung 171
Artillerie-Regiment 171
Panzerabwehr-Abteilung 171
Pionier-Bataillon 171

' **3. Panzergrenadier-Division** (sostituita dalla 5. *Gebirgs-Division* dal 17 gennaio)
General der Panzertruppen Fritz-Hubert Gräser

Panzergrenadier-Regiment
3 battaglioni

Riserve d'armata

29. Panzergrenadier-Division
General der Panzertruppen Walter Fries

Panzergrenadier-Regiment 15
3 battaglioni
Panzergrenadier-Regiment 71
3 battaglioni

truppe divisionali

Panzer Aufklärungs Abteilung 129 (
Panzer Abteilung 129

Artillerie Bataillon 29)
P*anzerjäger-Bataillon* 29
Pionier-Bataillon 29

90. *Panzergrenadier Division*
General der Panzertruppen Ernst-Günther Baade

Panzer Grenadier Regiment 155
  3 battaglioni
Panzer Grenadier Regiment 200
  3 battaglioni
: *Panzer Grenadier Regiment* 361
: 3 battaglioni

: truppe divisionali

: *Panzer Aufklärungs Abteilung* 190
: *Panzer Abteilung* 190
: *Artillerie Bataillon* 190
: *Panzerjäger-Bataillon* 90
: *Pionier-Bataillon* 90

1.*Fallschirm-Panzer Division "Hermann Göring"*

Generalmajor Paul Conrath (21 maggio 1943 - 14 Apr 1944)
Generalmajor Wilhelm Schmalz (16 Apr 1944 - 30 Apr 1944)

Panzergrenadierregiment 1 HG
3 battaglioni
Panzergrenadierregiment 2 HG
3 battaglioni
Feldersatzbataillon I HG
Feldersatzbataillon II HG
Divisionskampfschule HG (poi *Sturmkompanie* HG)
Panzerregiment HG

truppe divisionali

Flakregiment HG
Panzerartilleriregiment HG
Panzerpionierbataillon HG
Panzernachrichtenabteilung HG
Nachschubabteilung HG
Instandsetzungsabteilung HG
Divisionverpflegungsamt HG

ORDINE DI BATTAGLIA ALLEATO IN ITALIA, GIUGNO 1944.

Headquarters Allied Armies in Italy

5 Corps
4 *Indian Infantry Division*
10 *Indian Infantry Division*
'D' Force
23 B*ritish Armoured Brigade*
7 *British Armoured Brigade* (non ancora giunta)

FIFTH ARMY

Headquarters 4 United States Corps
36 *United States Infantry Division* (in riserva d'armata; col 6 *United States Corps* il 22 maggio)

2 United States Corps
85 *United States Infantry Division*
88 *United States Infantry Division*
1 *United States Armoured Group*

6 United States Corps
1 *United States Armoured Division*
3 *United States Infantry Division*
34 *United States Infantry Division*
45 *United States Infantry Division*
1 *British Infantry Division*
5 *British Infantry Division*
1 *Special Service Force*

Corps Expéditionnaire Français
1 *Division de marche d'infanterie*
2 *Division d'infanterie marocaine*
3 *Division d'infanterie àlgerienne*
4 *Division marocaine de montaigne*

Groupement des Tabors Marocains
1, 3, 4 *Groupes de tabors marocains*

2 *United States Armoured Group*

EIGHTH ARMY

6 *South African Armoured Division* (tranne la *12 South African Motor. Brigade*)

10 Corps
2 *New Zealand Division*
12 *South African Motor Brigade*
24 *Guards Brigade*
2 *British Independent Parachute Brigade*
Hermon Force (*King's Dragoon Guards,* 12 *Lancers*)
I *Raggruppamento motorizzato italiano*

13 Corps
6 *British Armoured Division*
4 *British Infantry Division*
78 *British Infantry Division*
8 *Indian Infantry Division*
1 *Canadian Armoured Brigade*
1 *Guards Brigade*

1 Canadian Corps
5 *Canadian Armoured Division*
1 *Canadian Infantry Division* (sotto il 13 *Corps* fino al 16 maggio)
25 *British Tank Brigade*

2 Polish Corps
3 *Carpathian Infantry Division*
5 Kresowa *Infantry Division*
2 *Polish Armoured Brigade*

TITOLI PUBBLICATI - ALREADY PUBLISHING

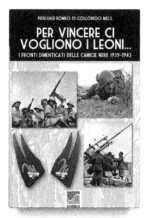

CPSIA information can be obtained
at www.ICGtesting.com
Printed in the USA
LVHW101548171120
671946LV00006B/546